Jaime Barylko

·

El aprendizaje de la libertad

Emecé Editores

Emecé Editores S.A.
Alsina 2062 - Buenos Aires, Argentina
E-mail: editorial@emece.com.ar
http://www.emece.com.ar

Copyright © Emecé Editores S.A., 1997

Diseño de tapa: *Eduardo Ruiz*
Fotocromía de tapa: *Moon Patrol S.R.L.*
4ª impresión: 2.000 ejemplares
Impreso en Printing Books,
Gral. Díaz, 1344, Avellaneda, marzo de 2000

IMPRESO EN LA ARGENTINA / PRINTED IN ARGENTINA
Queda hecho el depósito que previene la ley 11.723
I.S.B.N.: 950-04-1714-6
23.514

"La gloria es la plaga de nuestra pobre América del Sur.
(...) La guerra de la Independencia nos ha dejado la manía ridícula y aciaga del heroísmo. Aspiramos todos a ser héroes y nadie se contenta con ser hombre. O la inmortalidad, o nada, es nuestro dilema."

Juan Bautista Alberdi *(Bases...)*

CAPÍTULO I

La crisis del tiempo-eje

LA CRISIS DEL TIEMPO-EJE

Nuestro tiempo, nuestra situación, están caracterizados por la falta de certezas radicales. En palabras de Karl Manheim:

"Ninguna época anterior tuvo la convicción de la nuestra, a saber: *que no tenemos ninguna verdad.* Todas las épocas anteriores a la nuestra, incluso las escépticas, han tenido sus verdades."[1]

Siempre, en efecto, hubo escépticos, descreídos, nihilistas, pero sus puntos de vista se desarrollaban a partir de cierta trama de verdades indudables para la humanidad toda de esa época.

La indudabilidad ha dejado de existir.

Es signo de los tiempos en que vivimos que Karl Popper haya establecido como requisito para toda verdad el que lleve implícita la metodología por la cual *sería* refutable.

Los dogmas han muerto.

Todo pensamiento merece ser re-pensado. Los absolutismos están absolutamente invalidados.

Tal estado de cosas, ¿es bueno o es malo?

Para el instinto primordial de *seguridad* es malo.

Para el instinto primordial de *libertad* es bueno.

La situación requiere, por tanto, un aprendizaje metódico de la libertad. Como dice Manheim:

"Hay algo incomparablemente positivo en esta capacidad moderna para ver el aspecto de tanteo de cada situación, para rechazar toda manifestación de fatalismo, para eva-

[1] Karl Manheim, *Ensayos de sociología de la cultura,* trad. Manuel Suárez, Ed. Aguilar, Madrid, 1963, pág. 175.

dirse de alternativas al parecer inevitables, y para mirar más allá y detrás de las inmutabilidades aparentes."

En resumen: nada es inmutable, nada es inevitable, nada es fatal. Las verdades del hombre acerca del mundo, también ellas, admiten la pasajeridad esencial. Existen para ser refutadas.

Hasta las religiones centrales de la historia han asumido que las ciencias corresponden al reino del César, lo ajeno a Dios; ni lo tocan, ni lo rozan. Galileo ya puede opinar libremente lo que desee acerca de la conformación del cosmos.

Todo cambia. Menos las ideas del hombre acerca del hombre. Ahí las verdades se mantienen casi inexpugnables, las mismas que pronunciara Platón unos dos mil y tantos años atrás. Más otras que se remontarían a 5.000 años de arqueología.

El tema de nuestro tiempo consiste en que nuestro tiempo no aprende, se resiste a asimilar "que YA NO TENEMOS ninguna verdad".

El doble vínculo, la rotunda contradicción entre mensajes y metamensajes, constituyen el eje de la neurosis contemporánea.

El término "eje" es de Karl Jaspers.

Ese filósofo considera que hay un tiempo en que toda la humanidad encara un proceso cultural-espiritual común que se torna eje de la historia ulterior.

Hay, en consecuencia, un *tiempo-eje* del que provenimos. Es eje en cuanto recorre a diversos pueblos, culturas, religiones. Un común denominador.

Sobre él se asienta nuestra propia rotación existencial.

Ahí se delinean las ideas del hombre acerca del hombre que configura el marco del desarrollo histórico que nos integra:

"Este eje de la historia universal parece estar situado hacia el año 5000 antes de Jesucristo, en el proceso espiritual acontecido entre los años 800 y 200. Allí está el corte más profundo de la historia. Allí tiene su origen el hombre con el que vivimos hasta hoy."[2]

En alemán ese es el *Ursprung*. El origen de nuestro ser, o, mejor dicho, de la idea que tenemos de nuestro ser.

[2] Karl Jaspers, *Origen y meta de la historia,* trad. Fernando Vela. Ed. Alianza, Madrid, 1980.

12

Después de todo el hombre es lo que el hombre piensa que el hombre es.

Somos ESO que confeccionaron, entre las fechas citadas, Confucio, Lao Tsé, en China; los *Upanishadas,* Buda, en India; Zaratustra en el Oriente; los profetas en la tierra de la Biblia; Homero y los filósofos en Grecia, y los matemáticos, y los trágicos.

De ahí venimos. ESO somos. Salvando las profundas diferencias en los credos, las aserciones, los enfoques, una creencia radical hay en común entre mundos tan distintos y distantes:

— Es imprescindible mi presencia en el Cosmos.
— Hay fines.
— Yo estoy llamado a alcanzarlos, o a colaborar con otros, mis coetáneos, las generaciones pasadas, las futuras, *para* alcanzarlos.
— Vivo *para* algo.
— Mi existencia tiene un SIGNIFICADO ESPECIAL, categóricamente especial.

Al decir de Jaspers el hombre toma entonces conçiencia de "la totalidad del Ser, de sí mismo y de sus límites". Esa misma conciencia lo engrandece, lo enaltece. En la plenitud de su humildad germina la soberbia de Prometeo. "No soy más que polvo y ceniza", reconoce Abraham y... se lanza a edificar un rumbo histórico nuevo para la humanidad. "Una mísera caña", comenta acerca de sí mismo Pascal, y acota con vanidad irrefrenable: "pero caña pensante".

Pascal *se* tiene fe.

El último heredero de aquella tradición es Walt Whitman.

He aquí la síntesis de lo que *creíamos* que éramos, según el poeta:

"Me veo en todos los hombres, y ninguno es más ni menos que yo,
Y lo bueno y lo malo que de mí digo, lo digo de ellos,
Sé que soy sano y vigoroso,
Todos los objetos del universo convergen y manan hacia mí perennemente,
Todos me traen un mensaje, y debo descifrarlo,
Sé que soy inmortal,
Sé que mi órbita no puede ser medida por el compás del carpintero,

Sé que no me desvaneceré como la espiral de fuego que traza un niño en la noche con un tizón encendido."[3]

En verdad seguimos creyendo y aplaudiendo cada una de las letras de Whitman, que recuerdan a Quevedo, y al *Salmo* VIII, y a la *Epístola a los Corintios,* y a Neruda y a Ezequiel Martínez Estrada. Creemos con Whitman y Galileo que estamos en el mundo *para* descifrarlo.

Pero hemos perdido la creencia envolvente que sustenta y garantiza otras creencias subsecuentes: "Creencia en lo que llena el fondo del hombre y se mueve en él, en aquello que el hombre, trascendiendo de sí mismo, se enlaza con el origen del Ser", dice Jaspers.

Falta el *Ziel,* la meta.

No es un origen en común el que puede mancomunarnos; tan sólo una finalidad en común podría hacerlo.

Porque una finalidad en común debería engarzarse dentro de un mosaico mayor de Creencia.

Yo puedo tener significado, si existiera Un Significado.

Y eso es la que *ya* no sé. No sabemos.

Recordemos el comienzo de *El extranjero,* de Albert Camus:

"Hoy ha muerto mamá. O quizás ayer. No lo sé. Recibí un telegrama del asilo: 'Falleció su madre. Entierro mañana. Sentidas condolencias'. Pero no quiere decir nada. Quizás haya sido ayer."

¿Hoy? ¿Ayer? ¿No da lo mismo? ¿Se diferencia en algo la muerte-de-mamá de cualquier otro deceso o suceso en el mundo? ¿*Es* importante? ¿Hay *algo* importante?

Ahora pasamos a Benito Pérez Galdós:

"¿Qué diría esa inmensidad de mundos si fuesen a contarle que aquí, en el nuestro, un gusanillo insignificante llamado mujer quiso a un hombre en vez de querer a otro? Si el espacio infinito se pudiera reír, cómo se reiría de las bobadas que aquí nos revuelven y trastornan..."[4]

---

[3] Walt Whitman, *Canto de mí mismo,* trad. Francisco Alexander, Ed. Marymar, Bs. As., 1977.

[4] Benito Pérez Galdós, *Realidad,* Ed. Losada, Bs. As., 1944, pág. 256.

No sé responderle a Galdós.

Whitman disponía de un credo. "Sé que soy...", "Sé que no...".

Nosotros, en las postrimerías del siglo XX, con el personaje de Camus hemos de balbucear "no lo sé...".

Lejos de que ello sea factor de angustia, si aprendo a asumir su lado luminoso —la libertad— puede tornarse en factor de "saber-vivir".

El tiempo-eje explicado por Jaspers ha conducido al hombre a su suprema dignidad, y a sus creencias que impulsaron la ciencia, la tecnología, las artes, el progreso.

Ese progreso no satisface, hoy en día, a nadie. Sobre todo a los jóvenes que procuran evadirlo en Katmandú o en el LSD.

El real curso de la humanidad no ha sido signado por el estro de Whitman ni por la piedad evangélica. Salvar a niños con la penicilina, es progreso. Luego, dejar *a esos mismos niños* morir de hambre, ¿qué es?

La historia es la historia de todos los genocidios, patentes o disfrazados con programas ideológicos. Las certezas definitivas sostuvieron y mantienen el ejercicio de inquisiciones y campos de concentración.

La falta de certeza, en consecuencia, puede ser motivo de alegría, y no de angustia, si aprendiéramos a ejercerla.

Aprender a vivir como si no fuéramos dioses, como si no fuéramos inmortales, como si no fuéramos altruistas arduamente obsesionados por la salvación de las almas de los otros.

No hay meta.

Las metas propuestas por el tiempo-eje del cual descendemos han quebrado: todas han producido, fácticamente, muerte.

Nosotros queremos la vida.

Aún no hemos aprendido a vivir *nuestro* tiempo-eje, dentro de sus propios parámetros con plena asunción de los valores que nos corresponden. Conocernos. Yo y mi circunstancia.

Si no hay meta, si no hay camino, debes inventarlo todo. Si hoy viviera Pico della Mirándola no escribiría un tratado sobre "la dignidad del hombre" sino sobre "la absoluta creatividad del hombre que niega todo absolutismo"...

En su lugar escribió Jorge Luis Borges en 1984:

"Una vez fue conducido Teseo por el hilo de Ariadna hacia su laberíntico objetivo. Pero hoy el hilo se ha perdido; el laberinto se ha perdido también. Ahora ni siquiera sabemos si nos rodea un laberinto secreto, un secreto cosmos o

15

un caos azaroso. Nuestro hermoso deber es imaginar que hay un laberinto y un hilo. Nunca daremos con el hilo; acaso lo encontramos y lo perdemos en un acto de fe, en un cadencia, en el sueño, en las palabras que se llaman filosofía, o en la mera y sencilla felicidad."[5]

Hermoso deber, en efecto.

---

[5] Jorge Luis Borges, *Los conjurados,* Ed. Alianza, Madrid, 1985, pág. 61.

EL HOMBRE NO EXISTE

El Hombre. Ese que roza a Dios en el techo de la Capilla Sixtina. Seguimos hablando de El Hombre, con unción. Y de la naturaleza humana.

No tenemos certeza alguna de saber de qué hablamos, ni mucho menos de que todos estemos hablando de lo mismo.

El Hombre no existe.

El Hombre es un constructo ideológico.

"Los llamados derechos humanos, *les droits de l'homme*... no son otra cosa que los derechos del miembro de la sociedad burguesa, es decir del hombre egoísta, del hombre separado del hombre y de la comunidad."[6] El comentario, por supuesto, es de Marx.

Toda visión del hombre es una visión estrecha, parcial. Los demás conceptos serán siempre subsidiarios del pre-juicio básico que se torne "idea del hombre". En consecuencia, el sujeto de los derechos humanos de 1791 es el hombre solo, propietario, *versus* otros hombres solos, propietarios. ¿Qué es la libertad, en ese caso? *"Pouvoir faire tout ce qui ne nuit pas à autrui"*.

Abstenerse del otro.

El otro es mi negación.

Negarme a la negación.

El otro es mi infierno. Sartre *dixit*.

Pero esto no es El Hombre. Es la idea que tenemos o queremos tener o nos conviene tener o se nos obliga a tener del hombre.

El otro podría ser mi paraíso. Si dejáramos de ser fieles a El Hombre monádico e aislado que sólo concibe su ser en confron-

[6] Karl Marx, *La cuestión judía. Polémica con Bruno Bauer*, s/t, Ed. Heráclito, Bs. As., 1974, págs. 177-181.

tación con Otros. Karl Barth explica que Mensch = hombre es *Mit-Mensch* = hombre con.

Con y no contra.

Diada y no mónada.

Diálogo y no monólogo.

Nos educaron. Somos nuestra educación. Nuestro *imprinting* fundamental.

Somos lo que se nos hace ser.

Cuando B. F. Skinner escribió su *Walden Two* todos "los humanistas" le cayeron encima porque negaba la dignidad de la libertad humana.

¿Libertad de quién?

¿Dignidad de quién?

En otros términos:

—¿Quiénes son los que disponen y *pueden* poner en práctica la Dignidad y la Libertad del Hombre?

El desposeído, está desposeído de la Dignidad y de la Libertad y por tanto del concepto Hombre.

Puesto que la humanidad está compuesta por una amplísima mayoría de desposeídos no es digno hablarles en términos de dignidad, libertad, democracia, responsabilidad, características de El Hombre. No les pertenece. Ellos no son El Hombre.

El Hombre es el que *puede*:

— pensar

— disponer de su vida

— elegir.

"Querer es poder", dice el pueblo enseñado a decir fórmulas hechas y consoladoras.

Sabemos que no es cierto.

Somos todos iguales, biológicamente hablando. Potencialmente, todos podríamos por igual ir en bicicleta, gustar de Shakespeare, hacer *wind-surf,* jugar a las bolitas, tocar el acordeón como Piazzolla. Potencialmente.

En acto —sugiere Aristóteles— no realizamos igualmente nuestra común potencialidad.

Por distintos motivos. Algunos de des-posesión (medios de sustento, de crecimiento, de cultura); otros de posesión, por estar poseídos de los *daimones* que la educación oficial y extra-curricular nos imprime.

Hay que desaprender, para aprender a pensar.

Hasta ahora tenía vigencia el "pienso por lo tanto existo".

Monumento al monólogo de la mónada.

Ahora, cuando las certezas ya han decaído, la verdad se juega *entre yo y tú,* el *Mit-Mensch,* y la fórmula toma la característica de "Pienso, por lo tanto, piensas".

No compartimos el pensamiento ni deseamos hacerlo. Compartimos la existencia, la necesidad de pensar.

Pensar. ¿Pensar qué?

Lo que nos afecta de inmediato. Tu vida, mi vida, nuestra vida.

Claro que la finalidad del pensamiento siempre fue y será LA VERDAD.

Pensaremos la verdad. La de nuestra realidad, aquí, ahora.

Nuestra realidad es la nuestra, es decir la tuya, la mía, y la de los otros cercanos y lejanos que conforman esta sociedad.

Esa es la primera verdad que nos salta a la vista.

Pensar es lo contrario de evadirse.

Si la culpa de nuestros males la tiene el FMI o el alza del precio del petróleo en Irán —pueden llegar a ser tema de reflexión y debate sesudos.

Pero primero hay que pasar por la criba de las verdades sencillas, claras y distintas que podemos encarar, modificar al lado nuestro.

Piensan. Pienso. Piensas.

El opio del pensamiento lejano, moldeado en monedas de uso retórico constante y corriente, impide que cuando tú piensas seas tú el que piensa.

Aprender la libertad es aprender a pensar.

Es más cómodo hablar de El Hombre, saber de antemano y para siempre quiénes son los causantes de la crisis argentina, y los móviles que empujan a los jóvenes hacia la droga.

Ese tipo de saber es inconsciente esclavitud.

A la libertad —nos enseñó Fromm— le tenemos miedo. Es una responsabilidad pensar por sí mismo, tomar decisiones por sí mismo, ser distinto, y asumir las consecuencias inmediatas.

PEDAGOGÍA VS. DEMAGOGIA

Largos años de ejercicio de la docencia preceden a estas páginas. Enseñando aprendí a enseñar. Informando aprendí a formar.

En clase se hace uno, con el otro, el alumno. En clase, no en el Ministerio de Educación, ni en los tratados acerca de la educación.

Durante esos años fui pergeñando día a día, hora a hora, el *encuentro* educativo.

Una es la clase que se prepara, otra la que se da, otra la que se deja de dar, otra la que se improvisa.

La clase es un fragmento de la vida, es encuentro.

Los encuentros son imprevisibles, impredecibles.

Sí, sabemos que nos encontraremos mañana a las 14:45 para ver una de Fellini, en Corrientes y Esmeralda, y al salir tomaremos helado en Córdoba y Cerrito. Los detalles técnicos del encuentro están preprogramados. Incluso podríamos vaticinar reacciones de una y otra parte, gestos, maneras. Pero la esencia del encuentro continúa siendo impredecible. Puede transcurrir en la banal trivialidad de lo de siempre. O puede generar alguna novedad en nuestra relación, una chispa, algo que nos deslumbre, algo que marque ese encuentro entre los días sobresalientes del almanaque de cada uno.

Un encuentro puede transcurrir en la rutina, o encenderse en la creatividad.

Somos nuestra relación.

Entro en clase. Me propongo educar. Soy maestro. Dicen que de mí depende el futuro de la nación. Supongo que es una humorada.

Mi precio personal es mínimo en el mercado de valores de la nación.

No obstante, soy indispensable. Sin mí la Educación no es posible.

20

Hay programas de estudio. Pero existen en mí. Mejor dicho: en nosotros, en lo que hagamos con ellos en clase. O no existen.

Años atrás sabía yo qué enseñar, por qué y para qué hacerlo.

Fui creciendo con el tiempo, y con sus dudas correlativas.

Aprendí a no saber. Aprendí a liberarme de fórmulas hechas y de frases salvacionistas.

De todos los lemas sólo restan di-lemas.

Aprendí que *no hay enseñanza*. Lo único que *hay es aprendizaje*.

Si hay aprendizaje hubo enseñanza. Si no lo hay, no hubo nada.

Enseñar a aprender.

¿Aprender qué?

Aprender la libertad.

La libertad de ser, de gustar, de disfrutar, de opinar, la del otro que también aprende, que también piensa, que también saborea, y es diferente, por eso se llama "otro". Yo quiero que sea otro, porque si no fuera otro, sería como-yo, mi espejo repetido, y la repetición es madre de toda anulación personal.

¿Quién le teme a Paulo Freire?

Nadie. Todos "dominan" el tema de la "educación bancaria": ese horror de la enseñanza libresca que deposita conocimientos en los niños como si fueran Bancos, cuentas corrientes. Todos lo saben. Y si uno les pregunta cómo hacer para que la educación deje de ser bancaria probablemente comiencen a farfullar fórmulas mágicas como "educación activa", "participación", "liberación", "métodos no convencionales", "talleres didácticos", "técnicas de expresión"...

Eso es justamente lo que Freire combate. *Liberarse no es el trueque de una esclavitud por otra*; ayer las láminas, hoy las diapositivas. Dice Freire:

"Otra mitificación de la concientización... es la tentativa de convertir a la tan mentada 'educación para la liberación' en un problema meramente metodológico, tomándose los métodos como algo neutro, asexuado...

...La educación para la liberación no puede ser la que busca liberar a los educandos de las pizarras para ofrecerles proyectores...

De ahí que tal educación no pueda ponerse en práctica en

términos sistemáticos antes de la transformación radical de la sociedad."[7]

La educación es función de la sociedad. Si no cambia el contexto, el texto, por más revolucionario que sea, no incide ni provoca modificaciones. Más bien, al contrario, se da lugar a emergencias conflictivas hasta la histeria.

Cabe preguntarse: ¿qué hacer hasta que se produzca la deseada "transformación radical de la sociedad"?

Ante todo no engañarse con panaceas superficialmente redentoras. Ni los proyectores que reemplazan a las viejas pizarras producen novedad ni lo hacen las computadoras que ahora tienen a maltraer a la convulsa sociedad educadora argentina, ni que los chicos estén sentados en ronda en lugar de las clásicas y marciales filas de bancos de antes mirando vídeos. El tema no es metodológico.

Primero se pretendió salvar al futuro histórico con la teoría de los conjuntos. La reacción dijo que eran subversivos. En gramática el estructuralismo pautó inéditos horizontes. Antes eran "complementos"; luego fueron "modificadores". Algunos eximios alumnos se salvaron antes, se salvaron después; la mayoría caía inexorablemente "bochada", antes, y después, y ahora.

Es cierto: la escuela es "mala", caduca, obsoleta. *Curriculum* y *syllabus* merecen revisiones profundas. El presupuesto no alcanza. La crisis. La deuda externa. El Tercer Mundo...

Apelamos a recursos mágicos. Palabras. Pronunciamos "Iván Illich", y nos sentimos en la posición del Dios del *Génesis:* le basta con decir "luz", y ya es la luz. Decimos "dependencia" y ya nos sentimos independientes.

Esa actitud —místico-mágica— es peligrosa: el auto-engaño enriquece la nómina de los males mayores del hombre.

Justamente Iván Illich, el que proclamó "la muerte de la escuela", considera que hay que ser minucioso y prudente, y conservar a la escuela, muerta como está, porque si se liquidara a la escuela se "dará una semblanza de legitimidad a la invasión pedagógica de toda la vida en la privacidad de todos".[8]

Illich, al igual que Freire, no vislumbra cambios reales en una institución que está inserta en un complejo socio-cultural

---

[7] Paulo Freire, "Las iglesias en América Latina: su papel educativo", en *Educación para el cambio social,* Ed. La Aurora, Bs. As., 1984, pág. 126.

[8] Iván Illich, "Crítica a la liturgia de la enseñanza", en *Educación para el cambio social,* Ed. La Aurora, Bs. As., 1984, pág. 85.

amplio, cuya finalidad, en términos de Everett Reimer, es utilizar el currículum escolar para "propagar los mitos sociales, esas creencias que distinguen a una sociedad de otra, y ayudar a mantener unida a una sociedad. Toda sociedad tiene sus mitos y una de las funciones fundamentales de cualquier sistema educativo es transmitirlos a los jóvenes".[9]

Illich tiene fe en el Tercer Mundo. Reniega de los ídolos que dominan en los mundos imperialistas, cuyos pivotes son EE.UU. y la URSS. Los mitos y los ídolos de esos mundos deben ser extirpados.

"El Tercer Mundo tiene una gran responsabilidad crucial en la liberación del mundo de los ídolos del progreso, del desarrollo, de la eficiencia, del Producto Bruto Nacional, y de la Educación Bruta Nacional..."

¿Qué mitos suplantarán a los mitos destruidos?

¿Qué ídolos ocuparán los altares vaciados?

Illich rezuma mesianismo religioso. Sus imágenes se inspiran en los Evangelios. Rusia es Babel, EE.UU. es Egipto. El profeta Jeremías invitaba en la lejana antigüedad a alejarse de esos focos de impureza, a no "prostituirse" ora con uno, ora con otro.

Hoy, en las postrimerías del siglo XX, cargas las tintas apocalípticas sobre esos dos focos es construir un meta-mito, un mito sobre los mitos.

Sé que la clase se hace en clase.

[9] Entre los mitos mayores consta el de creer, y hacer creer, que lo que se *dice* acerca de la educación es igual a lo que se *hace* en educación. Aquí, como en la ética, la distancia entre retórica y realidad suele ser, a veces, sideral. Por eso exhortaba Bloom: "Al aspirar a objetivos elevados... hay que contar con que los docentes y la administración se dedicarán a conseguirlos. Por lo tanto si se postulan tales objetivos no ha de hacerse livianamente ni esperando lograrlos mediante algún proceso semimágico..." (Benjamín S. Bloom *Taxonomía de los objetivos de la educación,* trad. Marcelo P. Rivas, Ed. El Ateneo, Bs. As., 1981, pág. 251).

Particularmente en la historia argentina se ha cultivado en forma rotunda esa dicotomía teoría/praxis pedagógica. "Si la máxima aspiración de los educadores de fines del siglo pasado era la autonomía política y económica, la realidad del funcionamiento del sistema educativo se encargó de contrariarlos. A pesar de eso, o quizás debido a eso, la autonomía de la educación fue cobrando fuerza en la *mente* de los educadores, ya que no era posible en la realidad." (Juan Carlos Tedesco, *Educación y sociedad en la Argentina (1880-1900.),* Ed. Centro Editor de América Latina, Bs. As., 1982, pág. 138).

A fines del siglo XX esa tradición se mantiene con plena vigencia.

Sé que es un encuentro. A veces feliz. Entonces es formativo, educativo. Vivencia de algún "nuevo estremecimiento", un descubrimiento. Eso que el *Génesis* bíblico considera como des-lumbramiento, una inundación de luz, el milagro de "se abrieron sus ojos y vieron". Ver lo que siempre está a la vista y nunca se veía. Des-cubrir los sentidos, la mente, la apertura del ser frente al ser, frente al mundo. Quitar la cubierta, el tapón. Des-cubrir. En griego le decían *a-letheia,* recuperar algo del olvido (Leteo), vocablo hermoso ese que los diccionarios registran como equivalente a "verdad". La verdad está en lo des-cubierto. Eso sé.

Sé que eso es vida, materia, fin y contenido de la vida. Compartida, claro está. Después de todo la *a-letheia* se logra en el diálogo platónico o en el peripatetismo ("caminar juntos mientras se piensa") aristotélico. Eso sé hacerlo.

A veces. Cuando se da la empatía o transferencia en clase. A veces. A veces entre modificadores directos e indirectos, podemos comentar algo, puede surgir una observación, y podemos vibrar al unísono. O entre próceres y batallas famosas. O entre la germinación del poroto y las fechas fundamentales en la vida de Miguel de Cervantes Saavedra.

Eso es factible.

Eso es educación.

Aprendizaje de la libertad: des-cubrir es liberar potencias.

Pero, ¿cuál es el fin de todo ESO?

La finalidad es rehuir la altisonancia, donde surgiere, la Promesa.

Siempre es demagógica. Siempre es idolátrica.

La finalidad de la educación es la pedagogía.

Pedagogía vs. Demagogia

Aprender a *discernir.*
Aprender a *elegir.*

—Yo pienso, por lo tanto
  tú piensas.
—Yo elijo, por lo tanto tú
  eliges.
—Yo prefiero, por lo tanto tú prefieres, por lo tanto
  tú difieres.

Aprender a *diferir.*

ELOGIO DE LA DI-FERENCIA

Hablemos del derecho a la diferencia. En *Carta a un rehén* confiesa Antoine de Saint-Exupéry. "Estoy tan cansado de polémicas, de exclusividades, de fanatismos..."

Nosotros aprobamos con un leve movimiento de cabeza. Todos estamos cansados de la contienda diaria por tener razón, por imponer verdades, por forzar a otros que sean como nosotros...

Las polémicas. Las exclusividades. Lo mío y no lo tuyo. Mi bandera, no otra. Los correspondientes fanatismos. La amargura. El resentimiento. Estamos tan cansados.

"En tu casa puedo entrar —habla Saint-Exupéry— sin vestirme con un uniforme, sin someterme a la recitación de un Corán, sin renunciar a nada de mi patria interior."

Si todos pudiéramos entrar. Si todos quisiéramos. Sin uniforme. Sin etiqueta. Sin escudo. Sin ataque, sin defensa. Entrar y encontrarse. Encontrarse bien. Bien-estar. Yo y tú. Pienso, por lo tanto piensas. Prefiero, por lo tanto prefieres. Difieres. La belleza de tus ojos consiste en que ven distinto de los míos.

No renunciar a nada de mi patria interior. ¡Todo un ideal!

En todo caso renuncio cuando considero que ya ha dejado de ser mi patria interior. Porque quiero. Porque cambió el viento, el río de Heráclito se movió, mi interior tampoco es ya el mismo.

Pero no renunciar a mí por otro. No renunciar a nada para mejor ensamblarme con los deseos o preferencias del otro. Yo totalmente yo y tú totalmente tú. Sin sacrificar nada de uno mismo.

"Si difiero de ti, lejos de menoscabarte, te engrandezco."

Di-ferencia. Di-senso. Di-vergencia.

Es lo único que puede unirnos, porque podríamos compartirlo y enriquecernos recíprocamente.

25

Si no renuncias a nada.
En términos de Ortega y Gasset suena así:

"Nos pasamos la vida eligiendo entre *lo uno o lo otro*. No prefiramos; mejor dicho prefiramos no preferir. No renunciemos de buen ánimo a gozar *de lo uno y de lo otro*... La vida cobra sentido cuando se hace de ella una aspiración a renunciar a nada."[10]

Lo uno *y* lo otro.
El uno *y* el otro.
Del lejano nos volvemos al prójimo. De las grandes y apoteóticas disyuntivas regresamos a las conjunciones.
Yo y tú.

[10] José Ortega y Gasset, *El espectador,* Madrid, 1911.

¿QUIÉN ES LIBRE?

Notoriamente, es cierto, el vocablo "libertad" alude a "rotas cadenas" en términos de dependencia política, de amos y esclavos, de tiranos y pueblos.

Desde los comienzos de la reflexión humana se viene analizando el tema de la libertad. Obviamente la física libertad política es apenas el punto de partida, el kilómetro cero para que *luego* se pueda ser libre. Ser = hacerse.

La libertad política, *me la conceden* los gobernantes de turno. No es mía. Es la base sobre la cual puedo-debo erigir mi libertad.

Si la esclavitud consiste en ser dominado, se infiere que he de dominarme a mí mismo para que otros no me dominen.

Es lo que opinaba Horacio, con los estoicos:

"¿Quién es, por lo tanto, libre?
El sabio, el hombre que se domina, a quien no aterran ni la pobreza ni las cadenas; el que es capaz de resistir las pasiones y despreciar los honores; seguro en sí mismo, es como la superficie tersa de una esfera donde resbalan los acontecimientos exteriores, invulnerable a los asaltos de la fortuna..."[11]

En el supremo rigor el hombre libre es libre de todo, de todos. Nada le afecta. Es el sabio imperturbable.

El sabio que sabe vivir.

Ese cuyo ideal fue estampado por Spinoza en la máxima: *Non ridere, non lugere, neque detestari, sed intelligere:* "No reír, no llorar, no odiar; tan sólo comprender intelectualmente".

En el texto de Horacio el que habla es un esclavo, Davus. Con

---

[11] Horacio, *Saturae,* Lib. 11, 7.

27

lo que se aprende que hay esclavos libres, y amos esclavos. La misma relación dialéctica la encontramos en los escritos de Mariano José de Larra (*Yo y mi criado*). El siervo apostrofa a su dueño y le espeta:

"Qué tormentos no te hace pasar tu amor propio, ajado diariamente por la indiferencia de unos, por la envidia de otros, por el rencor de muchos.

[...] Te llamas liberal y despreocupado y el día que te apoderes del látigo azotarás como te han azotado. Los hombres de mundo os llamáis hombres de honor y carácter y a cada suceso nuevo cambiáis de opinión, apostatáis de vuestros principios. Despedazado siempre por la sed de gloria...

Inventas palabras y haces de ellas sentimientos, ciencias, artes, objetos de existencia [...] Y cuando descubres que son palabras, blasfemas y maldices [...]

Yo estoy ebrio de vino, es verdad, pero tú lo estás de impotencia..."

Las palabras de Larra no son de ayer, son de mañana.

No se trata, para nosotros, de elegir una teoría sobre la libertad. Se trata de ver qué libertad es la que me cuadra, la que más quiero, la que mayormente necesito.

¿Aprender? ¿Aprender qué?

A *"no inventar palabras y hacer de ellas sentimientos, ídolos, barricadas".*

No, no te llames liberal ni te llames nada. Eres lo que te haces ser. Eres la suma de tus acciones. Hoy eres liberal. Mañana podrías ser un magnífico verdugo.. En nombre, claro está, de "altos ideales humanistas". No, mejor no seas definitivamente nada.

En cierta película cinematográfica, cuyo nombre lamentablemente no recuerdo, se hace un experimento para probar qué resistencia al dolor pueden tener los seres humanos. Es un test de capacidad de sufrimiento. Los sujetos a prueba deben contestar acertadamente a unas preguntas. Si no lo hacen una corriente eléctrica los castiga. *In crescendo.* Por fuera en la cabina que controla el experimento está el director del proyecto, y un invitado. Al final se ven unas escenas espantosas y el invitado ya "no da más", no aguanta el espectáculo y se quiebra él mismo. El director del proyecto le hace ver, luego, que todo fue una farsa, y que el sujeto testeado era el propio observador: *¿qué capacidad* *de observación del sufrimiento ajeno tenía?* ¡Evidentemente, mucha!

¿Quién se atreve a afirmar, en voz alta, EL HOMBRE ES...?

Es la única criatura que no es, que puede ser, que se llama libre cuando hace lo que todos hacen, que puede acariciar, que puede matar, que puede vigilar un campo de concentración mientras se eleva a las esferas celestiales escuchando a Wagner, que puede hablar a mis hijos dulcemente a través de la pantalla televisiva ordenándoles a qué hora deben ir a dormir, dónde y cómo pueden divertirse, y qué deben dibujar para ser chicos buenos y ejemplares y... libres.

Si confeccionásemos —usted, yo, nuestros amigos— un diario que contuviera únicamente UN DÍA de nuestra vida, detallado en sus actos, pensamientos, diálogos, tendríamos la suma de nuestra no-libertad, de nuestra alienación.

¿Qué hacer para ser libres?

Inspirémonos en un texto antiquísimo, de la legendaria China. Dialogan en él hombres que discuten el arte de peregrinar:

"Uno dijo:
—¿A ti te gusta ambular? ¿Qué hay de placentero en la peregrinación?
Otro dijo:
—El deleite de la caminata consiste en el goce de la falta de finalidad. La gente camina para mirar lo que ve, pero yo peregrino para ver el cambio...
Aquél dijo:
—En verdad tu caminar se asemeja al de los demás y, no obstante, afirmas que se distingue del de los demás... Disfrutas de la falta de finalidad del mundo exterior, pero aún no reconociste la falta de finalidad del propio yo.
El peregrino que mira lo de afuera, busca la perfección en las cosas. El que mira hacia adentro queda satisfecho con el propio ser. Hallar la conformidad en el propio yo, he aquí el supremo grado de peregrinar."[12]

Esas son las varias opciones.

[12] Lia Dsi, "El verdadero libro de la prístina fuente surgente", citado en *Sobre la índole del hombre,* de E. Sylvester, trad. Alfredo Cahn, Ed. Espasa Calpe, Madrid, 1967, pág. 37.

El pensamiento es un juego. *Homo ludens,* según Huizinga. Jugamos a pensar, y mientras pensamos jugamos con ideas ordenándolas en algún tablero imaginario de blancas y negras.

Luego nos tomamos en serio el juego, consagramos las ideas, las divinizamos, hacemos de ellas palabras, de las palabras sentimientos, de los sentimientos estandartes que nos guíen en el campo de batalla. Y...

En nuestro tiempo la crisis del "animal racional", ese *Homo sapiens* que construyó el tiempo-eje de la dignidad de nuestro puesto en el cosmos, esa crisis está rotundamente reconocida.

A comienzos de siglo escribía Franz Kafka a Milena:

"Por alguna razón no puedo escribir sobre nada que no sea lo que nos concierne a nosotros, únicamente a nosotros, en medio del torbellino del mundo. Todo lo ajeno, es ajeno. ¡Injusto, injusto! Pero los labios balbucean y mi rostro se hunde en tu regazo."

¿En que se distinguen Kafka y Milena de Romeo y Julieta?

Romeo y Julieta *tenían* un mundo que interfería entre ellos. Un mundo que ellos debían evadir, y sólo a través del amor podían eludirlo.

Kafka y Milena buscan refugio en el amor *porque no hay mundo.*

"Mundo" significa orden de valores, organización de jerarquías, medios y fines, puesto en el cosmos, sustancias y accidentes, definiciones. Hoy todo es ajeno.

CAPÍTULO II

TRES PEDAGOGÍAS DE LA LIBERACIÓN
(Buber, Krishnamurti, Russell)

Pedagogía del yo-tú: Martin Buber

Estamos a la intemperie —dice Martin Buber.

En principio es una sensación de angustia perder el techo que protegía.

Pero ese techo, también, impedía ver las estrellas; limitaba.

La intemperie *puede ser* libertad.

Estamos. Nosotros. Concretamente yo y tú. Lo demás —los demás— es abstracción.

Abstracción es el individuo. Abstracción es la sociedad.

Lo real-concreto es el hombre-con-el-hombre. Nosotros = nuestras relaciones.

Yo soy mi relación —dice Buber.

No un yo que entra en relación; sino un yo que sale de la relación, emerge de ella. La relación me define. Soy de acuerdo con la manera que manejo la relación.

Claro que tampoco soy el dueño de la relación. Somos. Estamos. Yo y el otro. Conjuntamente confeccionamos la relación y la hacemos ser, le damos tal o cual color. Luego brotamos de ella coloreados con ese color. Hacemos la relación y en ella nos hacemos.

Los tipos de relación fundamentales son:

Yo-Ello
Yo-Tú

La relación más común es la de Yo-Ello. La palabra Ello indica, claramente, lo impersonal. Si es impersonal es cosa, materia, objeto, utensilio.

Las cosas *sirven para*. Una olla sirve para cocinar. *La Gioconda* sirve para la contemplación estética. Un árbol sirve para dar sombra, o para transformarse en madera, o para sostener mi cabeza cuando la apoyo en él.

También los seres humanos *sirven para*.

Mi mejor amigo "sirve" para salir los sábados a la noche, para hacer asados conjuntamente, para llamarnos cuando estamos aburridos, para hacerme favores. Por eso es mi mejor amigo. Yo también, desde luego, le sirvo. Por eso soy su mejor amigo. Nos servimos. El uno al otro. El uno del otro. Cada Yo es, aquí, Ello.

Es cierto que mi mejor amigo me cuenta sus cuitas, sus problemas, y le ayudo cuando está enfermo, y me preocupo por él. Y él por mí, idénticamente.

¿Y los sentimientos? —dirá alguien ofendido.

¿Y las emociones, los afectos? —agregará otro.

¿Y la amistad?

Tal cual describimos los hechos, entran todos en el marco del Yo-Ello, impersonal, cosístico, ajeno, de servicio, de uso, de provecho, de negocio.

No lo estamos denigrando. Nos limitamos a conocerlo. Si Juan me ayuda a cambiar una goma del auto es buena persona. Si mi amigo me presta una suma de dinero en momentos de apuro, o se queda con mis chicos cuando salgo de vacaciones, es un buen amigo. La relación, sin embargo, es Yo-Ello. De servicio. Por más des-interesada que sea o aparente ser.

También lo considerado espiritual entra perfectamente en este campo: discutir Aristóteles, o la deuda externa; hablar de Dios y de Teresa de Jesús; dar clases sobre el Antiguo o Nuevo Testamento; tomar lecciones de Meditación Trascendental. Cosas. Inter-cambio de ideas.

No es el *tema* el que define a la relación. Es el modo, la manera, la postura que se asume en la relación-con-el-otro.

El Yo-Ello impera en el orbe de nuestras necesidades técnicas. Cuando está ahí, cumple su función natural. Y eso es "bueno".

Si entro en un negocio a comprar un piano o un kilo de azúcar todo mi interés de relacionarme con un otro-vendedor es cosístico, de intercambio, de puro Ello. Aquí la despersonalización es un requerimiento para que el objetivo sea logrado. Es bueno que el vendedor "sirva" a la causa del negocio, y que yo le "sirva" adquiriendo la cosa. No nos engañemos. Estamos para servirnos. Él sonríe, yo sonrío. Él me explica, yo pregunto. Es el juego del Yo-Ello, natural.

El diálogo es, en este caso, un intercambio de información. Es función de la cosa y del negocio, *no* de las personas.

Atendamos ahora cómo es la relación Yo-Tú; según Martin Buber:

34

"La relación con el Tú es directa. Entre el Yo y el Tú no se interpone ningún sistema de ideas, ningún esquema, y ninguna imagen previa. La memoria misma se transforma en cuanto emerge de su fraccionamiento para sumergirse en la unidad de la totalidad. Entre el Yo y el Tú no se interponen ni fines, ni placer, ni anticipación…
Todo medio es un obstáculo. Sólo cuando todos los medios están abolidos, se produce el encuentro."[13]

Yo-Tú, releamos desde el final del fragmento citado, es un encuentro. Persona a persona.

Buber no ofrece una receta para que ese encuentro prospere. Comparado con las situaciones Yo-Ello el Yo-Tú reluce por carencias de elementos mediadores.

En otro escrito comenta Buber: "Cuando se sabe por qué se ama, es que ya no se ama".

"Por qué" es una razón, un motivo, una ajenidad a nosotros mismos. Si hay *algo entre nosotros,* nosotros no podemos encontrarnos.

"Ni anticipación." No se puede programar, planificar. Si eso se hiciere se caería en la trampa del Yo-Ello que siempre es premeditado, que siempre tiene *otra* intención que el encuentro en sí.

El Yo-Tú prescinde, justamente, de lo *otro.* No hay Yo-Tú *porque* participemos de idénticas ideas o *porque* nos gusten los mismos pintores o *porque* nos sentimos bien el uno con el otro.

En otro libro, *El eclipse de Dios,* Martin Buber proporciona esta versión:

"Sólo cuando, después de reconocer la inapreciable diferencia de un ser, renuncio a toda pretensión de incorporarlo en alguna forma dentro de mí, o de hacerlo parte de mi alma, sólo entonces llega a ser para mí un Tú."[14]

---

[13] Martin Buber, *Yo y Tú,* trad. L. Fabricant, Ed. Nueva Visión, Bs. As., 1970, pág. 18.

[14] Luis Farré hace notar que la relación yo-tú es de *compromiso,* y no de mero patetismo lírico: "El tú responde a nuestra llamada y, a la vez, nos llama para que le respondamos. [...] Con los objetos es imposible el diálogo, en cambio frente al tú nos definimos y controlamos; nos revelamos y conocemos, para el tú y para nosotros. Por opaca que sea su presencia no podemos dejar de tenerlo en cuenta; obligados por lo tanto a decisiones." (Luis Farré, *Antropología filosófica,* Ed. Tres Tiempos, Bs. As., 1983, pág. 205).

Esto nos recuerda palabras de Saint-Exupéry ya mentadas:

"La inapreciable diferencia de un ser."

El otro en cuanto otro. Como yo, pero diferente. Re-conocerlo. Con-firmarlo. El ser-sin: sin nombre, sin apellido, sin *status,* sin ideas, sin *curriculum.* El ser *a pesar de todo eso.* El ser des-nudo. Como Adán y Eva antes de que aprendieran a cubrirse y a en-cubrirse.

Martin Buber, debe saberse, era hombre religioso. Sus ideales, ya que fundamentalmente ejerció la pedagogía, no eran meditativos, sino pragmáticos. Quería como Marx modificar la realidad. Su teoría del Yo-Tú implica un enfoque místico, pero aquí, ahora, entre nosotros, y dentro de la responsabilidad histórica.

"Las líneas de las relaciones, si se las prolonga, se encuentran en el Tú eterno", comenta Buber. Dios es el Tú absoluto. La relación Yo-Tú, por lo tanto, trae consigo un hálito de divinización, de presentificación de lo divino aquí, entre nosotros, sobre la tierra, y en esta vida corriente, callejera, vulgar, sin necesidad de apelar a instituciones, iglesias, o concilios.

Yo-Tú significa total entrega, total fe, total necesidad del otro, sin ningún tipo de condicionamiento.

Para Buber la fe no es cosa de teología sino de vida comprometida.

En el Yo-Tú se da el compromiso.

En el Yo-Ello se da la transacción.

"Me realizo al contacto del Tú; al volverme Yo digo Tú. Toda vida verdadera es encuentro."

No hay manera —repito— de evadir o eludir el Ello.[15]

Las técnicas necesidades de la vida que ocupan la mayor parte de nuestro tiempo lo reclaman.

Lo triste es que la vida esté totalmente ocupada por el Yo-Ello, la cosificación, el valor de uso y competencia, el servir para algo, el servir para alguien.

Aquí empalmamos con nuestro tema central: la educación, el aprendizaje.

---

[15] Martin Buber, *Yo-Tú, ob. cit.,* pág. 18.

Y la fórmula agobiadora: somos lo que aprendimos a ser; aprendimos lo que se nos enseñó.

Buber, el maestro, propicia una pedagogía del diálogo entre personas, no entre palabras o sistemas de ideas. Que el tiempo de la existencia no esté engullido por la ajenidad del Ello. Que haya *algunos momentos* de Yo-Tú, de trascendencia.

El Yo-Tú significa las "rotas cadenas" de Ello, del precio, del mercado. Liberación. Sin las máscaras de la conveniencia.

Yo-Ello y Yo-Tú son situaciones cambiantes en la dinámica de la existencia. Nada es definitivo. Todo es momento. Es decir *movimentum*.

Imaginemos un ejemplo dramatizado:

Programamos encontrarnos en Corrientes y Esmeralda. Al cine. Después, la pizzería. Después, el paseo por librerías. Después a casa.

Yo-Ello

Nos encontramos. Realizamos el plan previsto. En la pizzería, de pronto, la comida, el cine, nuestros diálogos repetitivos, pasan a un segundo plano. Nos des-cubrimos. Se produce una relación profunda. Personal.

Yo-Tú

Nos encontramos a la mañana siguiente. Recordamos el deslumbramiento de la noche transcurrida. Pero a la mañana, cuando nos vemos, nada quedó del fulgor nocturno. Lo de siempre. Los diálogos entre nosotros. La rutina, las máscaras, la programación.

Nuevamente

Yo-Ello

Mi exceso didáctico tiene por finalidad introducir la siguiente apreciación de Martin Buber:

"La exaltada melancolía de nuestro destino reside en el hecho de que en el mundo en que vivimos todo Tú se torna invariablemente en Ello."[16]

---

[16] *Ibídem*, pág. 23.

Melancolía. Pero vale la pena. Vale la melancolía. Si el Tú más querido no puede escapar a la elloización natural, también cabe la esperanza de que en otro momento vuelva a ser Tú, y que el Ello de siempre en algún instante, milagrosamente, se torne Tú.

De lo cual se infiere que nada en el hombre puede ser institucionalizado.

Y cuando lo es, se torna Ello.

Hay momentos en que la madre-bebé son Yo-Tú, y otros en que son Yo-Ello.

Es deber de la Institución coagular y petrificar fluideces de sentimientos, situaciones, éxtasis.

Pero no hay condenas ni predeterminaciones. El matrimonio *puede* una y otra vez albergar al Yo-Tú del amor. Los hijos *pueden* amar a sus padres siempre y cuando no se les ordene hacerlo porque así lo establece el código societario.

Libertad. Ése es el reino del Yo-Tú. Libertad para ser, dejar de ser, dejar ser, infinitamente dentro del marco finito de la existencia.

"El Ello es la eterna crisálida. El Tú es la mariposa eterna."

Tan apresados estamos en el estrato del Ello que las palabras de Buber nos suenan poéticas, místicas, metafísicas.

Martin Buber era un revolucionario, y muy terrenal. Sólo que su programa rebelde no se hace con misiles ni con parlantes desde plazas públicas o balcones. Es pedagógico.

Ni el infierno del individuo vs. el individuo.

Ni el disolverse en masas anónimas.

Yo y Tú. Una comunidad de personas.

"El encuentro del hombre consigo mismo, no podrá verificarse sino como encuentro del individuo con sus compañeros, y tendrá que realizarse así. Únicamente cuando el individuo reconozca al otro en toda su alteridad como se reconoce a sí mismo, como hombre, y marcha desde este reconocimiento a penetrar en el otro, habrá quebrantado su soledad en un encuentro riguroso y transformador."[17]

[17] Martin Buber, *Caminos de Utopía,* trad. E. Imaz, Ed. F.C.E., México, 1960, pág. 145.

Algo, evidentemente nos falta. En la era de las comunicaciones, constantemente nos quejamos por la incomunicación.

Comunicamos cosas, palabras, ideas.

No *nos* comunicamos. De ser a ser. El aprendizaje del encuentro es aprendizaje de la libertad.

PEDAGOGÍA DE LO IN-HUMANO: BERTRAND RUSSELL

Pocos humanistas registró el siglo XX de la pureza y altura de Bertrand Russell. Matemático, lógico, epistemólogo, filósofo, luchó contra *todos* los prejuicios y defendió públicamente los derechos humanos, mucho antes de que los "derechos humanos" se pusieran de moda entre los intelectuales.

Racionalista a ultranza sabía que la razón tiene sus límites. Y quería quedarse *dentro* de esos límites. Más allá de lo racional crecen las flores de lo irracional; ora cautivantes, ora flores del mal.

Russell prefiere alejarse de terrenos donde las flores del mal son probables.

Su sistema de pensamiento, por tanto, representa un encuadre pedagógico que se aleja de las lucubraciones de Martin Buber. El encuentro, el ser-con-el-ser, yo y tú, la relación, son elementos vivenciales que trascienden el manejo racional. Russell admiraba a Buber, pero todo lo que huele a misticismo le era radicalmente ajeno.

La posibilidad de verdades absolutas queda totalmente desechada. La única verdad es la lógica. Y la lógica nada nos dice del mundo, ni de nada. La lógica es un sistema de proposiciones que en círculo vicioso —científicamente se le dice tautología— se sostiene a sí mismo.

Gregory Bateson, admirador de Russell, cita a Von Neumann para hacernos ver la distancia entre el mundo verdadero pero insignificante de la lógica-tautológica y la realidad: "Von Neumann... expresamente señala las diferencias entre el mundo tautológico y el mundo más complejo de las relaciones humanas. Lo que asevera es que si los axiomas son así y así, y los postulados así y así, entonces los teoremas serán así y así. En otras palabras, todo lo que la tautología ofrece son conexiones entre proposiciones".[18] No establece la verdad o falsedad de las proposiciones. Las conexiones importan. Unas conexiones verifican a las otras.

Buber se interesaba por las *conexiones entre personas*.

Russell no cree. Ni en Dios, ni en la posibilidad humana de recomponer sus conexiones. Lo humano no es lógico, es complejo, irracional.

El humanismo de Russell consiste en no engañar, no engañarse.

Un iconoclasta de su talla, no puede rendirle pleitesía al Hombre.

¿Por qué lo haría?

"Hallo escasa satisfacción en contemplar a la raza humana y sus locuras. Soy más feliz pensando acerca de la nebulosa de Andrómeda que pensando en Gengis Kan."[19]

No, la historia, no da pábulo a la superioridad del hombre. Esa idea debe ser abandonada. Esa superioridad es la que está produciendo nuestra inferioridad. Las persecuciones, las inquisiciones, los terrorismos varios se apoyan constantemente en "grandes ideas redentoras" y supremos conceptos respecto del alto sitial que le corresponde al hombre en el universo.

Tal sitial, considera Russell, no tiene apoyo en concepción racional alguna. Más bien lo contrario. ¿Qué es el hombre, para un *buen* científico, que no venda su alma por un plato de esperanzas metafísicas? El hombre es un ser viviente. *Ergo*:

"Parece imposible imaginar que el hombre, el gran Hombre, con su razón, su conocimiento del universo y sus ideas de justicia e injusticia, el Hombre, con sus emociones, su amor y su odio, su religión, que este Hombre haya de ser un simple compuesto químico perecedero, cuyo carácter e influencia, para bien o mal, dependa única y totalmente de los particulares movimientos de las moléculas de su cerebro, y que todos los grandes hombres no hayan sido grandes sino en razón de que alguna molécula golpeara sobre

[18] Gregory Bateson, *Espíritu y Naturaleza,* trad. L. Wolfson, Ed. Amorrortu, Bs. As., 1971, pág. 74.

[19] Bertrand Russell, *La evolución de mi pensamiento,* trad. Juan N. Domingo, Ed. Alianza, Madrid, 1976, pág. 30.

otra un poco más a menudo que en el caso de otros hombres."[20]

Es doloroso decir esto de nosotros mismos. Bertrand Russell se atreve y lo dice. Moléculas. Movimientos de moléculas. ¿Qué más pretendemos ser?

¿Y el conocimiento?

¿Y la ciencia? ¿Y el arte? ¿Y todas nuestras conquistas culturales?

En *Sceptical Essays* se halla la flemática respuesta:

"It regard knowdledge as a natural fact like another, with no mystic significance and no cosmic importance."[21]

No, no somos particularmente importantes. Ni lo que hacemos en todos los excelsos orbes de nuestro espíritu. *Guernica,* una hoja de árbol, una mota de polvo, y el viento que los roza, *valen lo mismo* en el cosmos.

Ningún lugar especial nos corresponde.

Aunque Russell era furiosamente antirreligioso, su postura nos conduce a conclusiones idénticas a las de los auténticos religiosos: "¿Qué es el hombre para que lo recuerdes?" —dice la Biblia, en *Salmos* VIII.

El racionalista y el religioso comparten el punto de partida: la nada, el ser-polvo, y en consecuencia lo que más nos cuadra es LA HUMILDAD.

Pero el religioso quiere llegar más allá de sí mismo, hacia Dios, hacia otro horizonte donde se logra superar el accidente de ser un nacimiento que conduce a la muerte.

Buber cree en el tú, el hombre, porque cree en Tú-Dios.

Russell no cree, ni admite salvaciones. No se lo autoriza la razón pura.

Tampoco se lo autoriza la realidad histórica, la pasada y la presente, esa que cotidianamente llena las primeras páginas de los periódicos.

[20] *Ibídem,* pág. 48.

[21] Bertrand Russell, *Sceptical Essays,* Ed. Unwin Books, Liverpool, 1962, pág. 49.

No menos enérgico en este punto era José Ingenieros: "La Humanidad, considerada como especie biológica, no tiene misión alguna que desempeñar en el Universo, como no la tienen los peces o la mala hierba". (*Ensayos escogidos,* Ed. CEDAL, Bs. As., 1980, pág. 15).

En *Por qué no soy cristiano* nos despierta y nos hace ver:

"El mundo, ahora como antes, está basado en una compe-
tición de vida o muerte; lo que se disputaba en la guerra
era qué niños, si los alemanes o los aliados, debían morir
de hambre y de miseria."

Triste. Consecuentemente escéptico. Los niños de todos los
bandos siguen muriendo mientras los líderes, de todos los bandos, continúan pronunciando discursos acerca del Hombre y sus
Valores.

Russell no es un misántropo. No desprecia al hombre. Se limita a conocerlo. Como cualquiera podría hacerlo, siempre y cuando —al estilo de Russell— razonara fríamente y no cayese en
mitomanías.

Sin embargo, replicaría un buen crítico, Bertrand Russell
dedicó su vida al pensamiento, a la ciencia, a la lógica. ¡Creía!
¡Creía en lo que hacía! ¡Creía que era bueno!

Russell responde:

"El mundo de las matemáticas y de la lógica sigue siendo,
en su propio dominio, delicioso; pero su dominio es el de la
imaginación. Las matemáticas deben vivir, con la música y
la poesía, en la región de la belleza creada por el hombre;
no entre el polvo y la mugre del mundo."[22]

En su quehacer, según las palabras citadas, el filósofo encontraba refugio del mundo. La lógica es hermosa porque no es real;
es imaginaria. Como las matemáticas. Un juego apasionante.
Como las artes, música, poesía.

En conclusión, seríamos mejores hombres si no nos ocupára-
mos del hombre. Si asumiéramos que el autoconocimiento y el
conocimiento del prójimo son racionalmente improbables y nos
dedicáramos a… lo impersonal, lo ajeno, lo in-humano.

Claramente lo dice Russell en sus *Retratos de memoria* cuan-

---

[22] "En el proyecto matemático no sólo hay un liberación, sino también simultáneamente una nueva experiencia y configuración de la libertad misma, es decir, la
dependencia autoasumida. En el proyecto matemático se realiza la dependencia a los
principios exigidos en él mismo". (Martin Heidegger, *La pregunta por la cosa,* trad.
Ed. G. Belsunce y Z. Szankay, Ed. Alfa, Bs. As., 1975, pág. 89.

do plantea el tema del ser-para-la-muerte en el capítulo "Cómo envejecer":

> "En un anciano que ha conocido las alegrías y las tristezas humanas… el temor a la muerte es algo abyecto o innoble. El mejor modo de superarlo… consiste en ampliar e ir haciendo cada vez más impersonales sus intereses, hasta que, poco a poco, retrocedan los muros que encierran al yo, y su vida vaya sumergiéndose crecientemente en la vida universal."

Piensa en lo único pensable: lo Otro. El mundo. El universo. Las cosas.

Deja que el yo se sumerja en el cosmos. Su lugar es no tener lugar. Su lugar es disolverse en la naturaleza a la cual pertenece.

Nuestro mayor enemigo es este yo batallador, posesivo, en-daimon-ado.

De tanto mirarnos el ombligo, perdemos la cabeza.

"No vayas afuera, quédate adentro; en el hombre interior habita la verdad", era la fórmula de Agustín de Hipona.

Russell, mil quinientos años más tarde, entiende que el buen camino es el contrario. Hay que abandonar a ese *interiore homini* agustiniano, inapresable entre tantos complejos, infeliz y neurótico porque es incapaz de apresar su propia cola. Los ojos han sido dados para mirar hacia afuera. Estamos para ser sujetos, no objetos de contemplación.

No obstante no pudo controlar Russell su humanismo, su preocupación por los problemas del hombre. El ideal que él soñaba para un mundo futuro y mejor era de hombres cuyas "emociones fueran fuertes pero no destructivas, y un mundo en el que, por ser conscientes de ellas, no condujeran a engaños por parte de uno mismo o de los demás. En tal mundo se incluiría el amor, la amistad, y la búsqueda del arte y el conocimiento".[23]

Todo eso que todos nosotros queremos. Con una salvedad: emociones, pero conscientes de las emociones. Pensamiento, no engaño.

Para concluir con esta breve semblanza citemos la siguiente anécdota: Cuentan que en una reunión pública le preguntaron al

---

[23] A. J. Ayer, *Russell,* trad. J. J. Acero, Ed. Grijalbo, Barcelona, 1973, pág. 140.

filósofo qué diría si después de su muerte se encontraba con el Creador, cara a cara.

Russell titubeó, pero terminó aceptando que expresaría:

—"Dios, ¿por qué has hecho que la evidencia de tu existencia resultara tan insuficiente?"

Esa distinción fundamental entre existencia y evidencia es todo un programa para una educación auténticamente humanista.

LA LIBERTAD ES VACIAMIENTO: KRISHNAMURTI

El pensamiento de Buber encuentra en lo personal la relación, la salida para restituir lo humano a sus dimensiones creativas.

El mismo fin persigue Russell, y considera que se lo alcanza por vía de lo impersonal. Tú y yo viviríamos mucho mejor, *juntos,* si cada uno tuviera un orbe de intereses que nos satisficieren.

En Buber el mundo se interpone entre nosotros.

En Russell el mundo puede servirnos de puente.

El Krishnamurti se nos aconseja vaciarnos de ambos polos, del yo, y del mundo.

Jiddu Krishnamurti nació en 1897 en la India meridional. Profundamente influido por las filosofías y religiones de su país y del Oriente, saboreó los platos más sazonados del pensamiento occidental, y procuró armar su propia reflexión.

¿Por qué la crisis actual de lo humano?

Porque estamos saturados de ideas, opiniones, adhesiones, identificaciones.

"Las ideas siempre engendran enemistad, confusión, conflicto. Si dependéis de libros de izquierda o de derecha, o de libros sagrados, entonces dependéis de meras opiniones, sean ellas las de Buda, de Cristo, del capitalismo, del comunismo... Son ideas, no son la verdad. Un hecho nunca puede ser negado. La *opinión* acerca del hecho puede negarse."[24]

El bien mayor del hombre es que genera ideas.

---

[24] J. Krishnamurti, *La libertad primera y última,* trad. A. Quintana, Ed. Sudamericana, Bs. As., 1979, pág. 37.

46

El mal mayor consiste en que se atiborra de ellas, depende de ellas, se mata por ellas.

Esas ideas suelen no ser nuestras. Ideas. Opiniones. Se imponen con autoridad de santas. Luego nos manejan.

Krishnamurti se niega a respetar a santidad alguna.

Es la necesidad de seguridad la que nos impele a someternos a un sistema de ideas, al cual le somos fieles para lograr nuestra propia estabilidad.

"No buscáis la verdad, no buscáis a Dios. Lo que buscáis es satisfacción duradera, y a esa satisfacción la revestís de una idea, de una palabra, de sonido respetable tal como Dios, la verdad. Mientras la mente busque satisfacción, no hay mucha diferencia entre Dios y la bebida."[25]

Embriagarse para sosegarse. Con bebida, con droga, con ideas que funcionan como bebida o droga. Dios o marihuana o el partido ecologista o el movimiento en defensa de los animales.

Si discrepamos, tú y yo, respecto del método más válido para embriagarse, nos consideramos en bandos opositores y en el deber de odiarnos, combatirnos.

Krishnamurti no niega la existencia de Dios. Niega que *eso* que la gente "usa" para su satisfacción personal, y para tranquilizar su ánimo, sea divino.

Krishnamurti no desprecia la validez de las ideas. Considera que no son, en su mayoría, emergentes de la realidad o del enfoque intelectual de la realidad, sino excrecencias de necesidades íntimas de cada uno.

Es el baluarte del yo el que requiere envolverse, cobijarse, pertrecharse de palabras, conceptos, cosas que lo sostengan.

El yo es, en este caso, el enemigo de uno-mismo. Para mejor estar se somete a todo lo que tiene. Eso no le alcanza jamás. Necesita tener más. Más ideas. Más cosas. Más amigos. Más posesiones. Más mundo. Para ser más. Y en ese camino es que logra ser cada vez menos: dependiente, temeroso, tenso, in-seguro.

Este yo conquistador y defensivo a la vez se cree libre.

¿Es libre?

¿Somos libres?

Ser libre es ser in-dependiente. Y nosotros nos distinguimos por todas nuestras dependencias.

[25] *Ibídem*, pág. 78.

En lenguaje de Krishnamurti:

"Libertad significa libertad con respecto al temor. Significa libertad con respecto a cualquier forma de resistencia. La libertad implica un movimiento en el que no existe aislamiento alguno...
Usted sólo puede ser libre cuando ha comprendido lo profundamente condicionado que se encuentra y está libre de ese condicionamiento."[26]

La libertad requiere espacio. Espacio es "vacío de". Lo contrario de "ocupado". *Liberarse es des-ocuparse.*

Krishnamurti cita los famosos experimentos realizados con ratitas apiñadas dentro de un espacio muy reducido. Desataron los animalitos una tremenda agresión los unos contra los otros. El espacio es vital para el desarrollo de cada ser.

En lo que toca al hombre el tema no radica en el espacio exterior. Nos falta espacio en el interior, dentro de uno mismo: "Nuestras mentes están tan atestadas con miles de ideas, que no hay espacio en absoluto, ni aun entre dos pensamientos".

Esa información que tenemos adentro *no es aprendizaje.*

Se acumulan los datos bancariamente, diríamos recordando a Freire.

El cambalache del yo.

No hay orden. No hay organización. Ciencias y fetichismos. Humanismos y barbaries.

Estamos tan llenos, tan caóticamente llenos, y tan tensos por estar seguros, que estamos vacíos.

"Donde no hay afecto en uno mismo se busca el afecto de los otros."[27]

Ese otro es el Ello de Buber. Un otro para el uso. Que me sirva de compañía, que me proporcione afecto, alguien que yo pueda *tener.* Pero al no haber afecto interno, no hay afecto que satisfaga.

---

[26] J. Krishnamurti, *Principios del aprender,* trad. A. Clavier, Ed. Sudamericana, Bs. As., 1980, pág. 77.
[27] *Ibídem,* pág. 73.

Soy mi esclavo. Esclavo de todos mis condicionamientos, los que se me imponen y los que me impongo. Para ser libre el primer paso, leímos antes, sería tomar conciencia de cuán condicionado estoy-soy.

Liberar-me. De lo mío. De esos pertrechos que me rodean y sitian para defenderme.

Liberar espacio dentro de mí.

Libertad y aprendizaje son, en Krishnamurti, conceptos correlativos.

Si no soy libre no hay aprendizaje, si por este vocablo se entiende crecimiento. Hasta ahora lo que tengo son datos encimados, informaciones, informes. El aprendizaje no atesora conocimientos. Aprender es crecer, vivir lo nuevo en calidad de nuevo, sin reducciones. El aprendizaje es un éxtasis vital. Pero si estoy ocupado estoy pre-ocupado y no puedo aprender.

"Sólo aprende la mente joven, la mente que no está atiborrada de conocimientos."[28]

Mente joven. No alude a la edad. Alude al estado. La consigna, pues, es mantener la juventud de la mente. ¿Significaría ello cerrar las compuertas de la percepción, del entendimiento, de la memoria? Esta tarea sería imposible. Pero todo lo que percibimos, pensamos, recibimos, podría *pasar* por la mente sin ocupar en ella espacio, si tomásemos todos esos elementos por lo que son: pasajeros, momentáneos, y jamás sustancias definitivas que definitivamente deben ocupar mi interior.

En este proceso se da la apertura de la mente, su fluidez natural, y se deja de ser un yo enclaustrado en una torre de ataque y defensa.

Esta es la libertad.

Esta es la posibilidad de crear y lograr la ansiada seguridad.

Se suprimen los conflictos. De mí conmigo mismo. Del yo y los otros.

Las ideas dejan de ser motivo y materia de controversias. Cada yo, al cesar de su actitud in-segura agresiva, se deja ser con el otro.

No enseñaron a ser violentos, a superarnos, a superar al pró-

[28] J. Krishnamurti, *Más allá de la violencia,* s/t, Ed. Sudamericana, Bs. As., 1979, pág. 103.

jimo, a combatir por un puesto en la vida, a competir. Tenemos que contra-educarnos en una contra-cultura personalista.

"Estamos acostumbrados a una sociedad, a una moralidad, que se apoya en la violencia. Desde la niñez somos criados para ser violentos."[29]

Debemos reeducarnos. Liberarnos. Ello implica abandonar la posición yoista-dominadora-temerosa. Renegar de las divisiones yo/otro, yo/mundo. Abrirnos a la experiencia. La violencia la necesitan los que existen para combatir.

En lugar de combatir por, se propone Krishnamurti otro objetivo:

Aprender

El proceso previo es aquel momento crítico que aparece en toda auténtica reflexión.

En Buber es la conciencia de ser absorbido constantemente por el Ello.

En Russell es la conciencia de que las pasiones, no las razones, dirigen nuestros actos y sellan nuestras finalidades.

En Krishnamurti es la conciencia de no ser libre, de estar condicionado, dividido, enfrentado, fragmentado. La conciencia de que todo aquello que venimos adquiriendo como factores de seguridad —cosas, ideas, relaciones— son sumamente endebles, inseguros:

"Cuando Ud. descubre que no hay seguridad en nada que haya buscado, que no hay seguridad en la muerte ni seguridad en el vivir, cuando ve todo eso, entonces el mismo ver... es inteligencia. Esa inteligencia le da seguridad completa."[30]

Inteligencia en el sentido que tiene el vocablo latino: *into-legere,* leer dentro de sí mismo.

Es el aprendizaje primero, y la puerta para todo aprendizaje ulterior.

[29] *Ibídem,* pág. 108-109.
[30] J. Krishnamurti, *Principios del aprender, ob. cit.,* pág. 214.

No de cosas, ni de ideas, ni de técnicas. De vivir.

Aprender la novedad. El deslumbramiento cotidiano. Todo es nuevo bajo el sol, contrariamente a lo que opinaba *Eclesiastés*.

Eso produce, el aprendizaje del aprendizaje, el de la libertad, una constante liberación que impide la sustantivización de sentimientos, pensamientos, relaciones.

Sería la revolución perpetua. El anti-conformismo sin panaceas, irrestricto.

"El que reza hoy porque rezó ayer, es un perverso", comenta rabí Mendel de Kotzk.

Si nada se atesora, nada se repite, y siempre se aprende; se está ante una nueva situación.

Aprender es re-nacer.

BALANCE

Esbozamos tres puntos de vista contemporáneos acerca de qué es y qué puede ser-hacer el hombre. Son paralelos en cuanto aspiran a idéntica finalidad: superar la crisis de lo humano en este convulso siglo XX y vislumbrar caminos de re-educación.

Completamente diferentes, y completamente coincidentes, Buber, Russell y Krishnamurti determinan que el hombre no nace, se hace, es decir se educa.

Buber y Krishnamurti ven en la fragmentación del hombre en sectores de vida, en importancias, en valores, en divisiones, el mal de la deshumanización.

"Ustedes han dividido la vida en especialidades —dice Krishnamurti—. Han separado la política de la religión, la religión de los negocios, el hombre de negocios del artista, el profesional del lego, y así sucesivamente. Es esta división la que hace estragos no sólo en la religión sino en la educación. Lo único que les interesa es que sus hijos obtengan un título".[31]

Un título. Una etiqueta. Y el padre que no lo haga, que no procure eso para su hijo, más tarde será odiado por su hijo, porque la sociedad rechaza a los hijos-sin-título, inclusive la sociedad de los hombres de vanguardia, revolucionaria y antiburguesa.

Hay que re-integrar a la persona, sostienen los pensadores.

Re-integrar al hombre dentro de sí mismo, en apreciación de *todos* los momentos valiosos de su ser.

Descartes decía: "Yo no soy sino una cosa pensante".

Ese cartesianismo ya está disuelto. Se terminó descubriendo que somos pensantes e in-conscientes, afectivos y sensuales, emotivos y racionales, contradictorios y coherentes. Siempre se supo, pero en el siglo XX se "legalizó" la totalidad de las poten-

---

[31] *Ibídem*, pág. 269.

cialidades humanas como *igualmente* valederas, legítimas. Marx, Nietzsche, Freud son ineludibles.

Otrora se entendía que la educación tenía por finalidad desarrollar la "naturaleza humana". Y se sobre-entendía que la "naturaleza humana" estaba constituida por todo lo que no-es-natural.

"Erróneamente —comenta Bertrand Russell— se consideró que la naturaleza excluía todo lo mejor de lo natural y la tentativa de enseñar la virtud llevó a formar hipócritas achaparrados y desfigurados en vez de seres humanos plenamente desarrollados. La generación actual comienza a verse amparada contra semejantes errores educacionales..."[32]

Hoy consideramos que el hombre es potencialidad creativa. Educar es liberar esas fuerzas prometeicas que anidan en todo individuo.

Testigo insobornable de las guerras mundiales, de los genocidios, de la enfermedad del nacionalismo que corroe al hombre contemporáneo, Russell teme al engaño que se filtre en los corazones de los jóvenes a educar. Que no se les mienta. Que se les muestre *qué ha sido* hasta ahora el hombre y la conclusiones se inferirán solas.

A Russell le cuesta, racionalmente, imaginar un paraíso-entre-hombres. La belleza está fuera.

"Lo que debe desearse no es el mero hecho de vivir, sino el arte de vivir en la contemplación de las cosas grandes."[33]

En Russell el hombre está solo y desolado. Su remedio ha de hallarse fuera del hombre, en órbitas creadas por el hombre pero de temática inhumana, la constelación Andrómeda, los tipos lógicos, la tautología, los espacios cósmicos.

En Buber el hombre está solo porque el Yo-Ello domina. Pero es misión del hombre educarse para superar esa enajenación cosística y lograr situaciones de Yo-Tú, de re-conciliación perso-

---

[32] Bertrand Russell, *Misticismo y lógica,* trad. J. R. Armengol, Ed. Paidós, Bs. As., 1975, pág. 51.

[33] *Ibídem,* pág. 73.

nal consigo, el otro, el universo y el Tú que nunca puede ser Ello, es decir Dios.

En Buber la realización humana implica la realización de la divinidad. Él explicaba el versículo de *Levítico* XIX: "Amarás a tu prójimo como a ti mismo. Yo soy Dios", diciendo: "Cuando amas a tu prójimo, *entonces* Yo soy Dios; Dios se hace presente".

El encuentro es la vía educativa.

Todos los caminos vistos en estas reflexiones apelan al criticismo, al rechazo de toda idolatría institucional, a la liberación de prejuicios santificados.

Liberar la mente —clama Krishnamurti.

Liberar la conciencia de engaños ideológicos —reclama Russell.

Liberar la relación Yo-Tú —proclama Buber.

Tres ángulos de un triángulo equilátero.

CAPÍTULO III

EL UNI-VERSO ES DI-VERSO

QUÉ APRENDÍ DE MIS ALUMNOS

Fue en 1969. Un gran momento en mi carrera docente: se me encomendó la fundación de un instituto secundario, privado, que debía ser modelo en su género.

Era mi gran oportunidad. Todas las teorías modernas en materia educativa por fin podrían ser llevadas a la práctica por mí, personalmente. En mi cerebro se atiborraban *Summerhill,* Melanie Klein, Piaget, Cousinet, Dewey, Winetka, Albert Camus, Mantovani, Romero, Marcuse y los *happenings* del Di Tella, más Brecht y Ionesco y Luzuriaga.

¡Hacer vibrar a jóvenes en toda esa belleza que soñaba Russell!

¡ A través del diálogo, de la comprensión, del afecto! ¡Buber!

Y así fue, así se hizo.

Casi *ex nihilo* había que trabajar. Trabajar, en efecto, para que hubiera afecto. Integrar a alumnos con alumnos. Integrar a profesores con profesores. Y a los unos con los otros.

"Comunicación", la gran consigna.

Eso sí sabía yo: la comunicación se hace, no se declama. Y se hace en clase, en los recreos, en todo momento.

Esa "comunicación" tornóse un drama. Porque todos aprendieron que podían hablar cuando necesitaban decir algo. Los alumnos. Y los padres de los alumnos.

No obstante los escollos se fueron superando.

Se lograba el clima, la armonía. Que hubiera autoridad, pero no autoritarismo.

A mediados de año lectivo estuve a punto de sufrir un colapso. La mejor alumna del colegio se iba. No quería seguir más con nosotros.

De inmediato la convoqué a un diálogo. Charlamos. Le pregunté qué le molestaba.

—Lo que pasa es que en este colegio no hay disciplina...

Quedé estremecido. Conmovido. Medité largamente en el tema. Tenía razón. Esa alumna me había dado una gran lección. No porque en mi colegio no hubiera disciplina. La había. Pero era *otra disciplina*. Procuramos que todos participaran del ordenamiento escolar. Que el alumno se expresara, juzgara, se comprometiera. Libertad que concluye en responsabilidad. Humanismo creativo. Diálogo.

Disciplina de la comprensión. Claro que no se compaginaba con el autoritarismo implacable del mundo en torno, del universo exterior, del horizonte del monólogo que rige en cada hogar.

Fue muy conflictivo. Todos estaban —estábamos— exaltados. Teníamos nuestras contradicciones. Porque veníamos de la calle, de *ese* entorno englobador, común a todos, impreso en cada uno. En consecuencia se nos mezclaban los discursos. La vieja autoridad y la nueva revisión de criterios y de valores. La composición del orden con el des-orden.

Éramos una isla. El mundo no coincidía con lo que hacíamos en clase, en los patios.

Alguien mentía. ¿Quién? ¿Nosotros? ¿El "mundo"?

La chica tenía razón. Esa fue mi hermenéutica del caso. Más de un padre se había manifestado inquieto por la rebeldía de su hija. Los muchachos estaban politizados. Discutían. Polemizaban. Armaban mesas redondas. Iban a Plaza de Mayo.

¿Es ESO bueno?

Hoy contemplo retrospectivamente el panorama y mido la acción educativa por sus frutos. La mayor parte de los egresados de aquellos tiempos están cumpliendo en la vida funciones de creación, de reflexión, de trascendencia. ESO es bueno.

Tampoco me envanezco. En calidad de educador sé cuánto no sabemos de los factores que inciden en el proceso de crecimiento humano. Difícil se hace determinar *qué* es de la escuela, qué de los padres, qué del medio, qué de la genética y qué... del azar.

De todos modos *hoy* no repetiría esa experiencia. *Hoy* sé que la edificación de contextos artificiosos y artificiales —como la escuela que yo había hecho— es, a pesar de sus mejores intenciones humanistas, un engaño. Hoy no les hablaría a los alumnos del diálogo, de la comunicación. Les leería los periódicos. Les mostraría programas de televisión. Y que aprendan a juzgar. Cultivaría la pureza de la razón crítica, invirtiendo la terminología kantiana.

No considero que la escuela deba someterse a la sociedad y a sus valores. Pero el humanismo consiste en decir *qué es el hom-*

bre, el real, el histórico, el concreto, el de todas las páginas del diario y no solamente el de la sección de cultura. Cuanto más sepamos qué es el hombre aquí, entre nosotros, ahora, tanto más podremos aproximarnos a su real modificación hacia aquello que *debe ser*.

Mi mejor alumna —entiendo yo— al decir que en el colegio no había disciplina emitía la opinión: "Este colegio es i-rreal".

Denunciaba el doble mensaje.

Embotarse en nubes de i-rrealidad puede ser tan peligroso como dejarse llevar por el gregarismo de la realidad socio-cultural que nos invade.

Educar es desmitificar.

A la cultura, y a la contracultura.

No obstante, como canta Edith Piaf, no me arrepiento de nada.

Sólo enseñando se aprende, y sólo aprendiendo se alcanza a transmitir alguna enseñanza que fecunde el aprendizaje.

Aprendí que si bien "hay un tiempo para todo" (Eclesiastés, Piaget), a partir de cierta edad todo puede ser materia de entendimiento, comprensión, meditación, enriquecimiento personal. De modo que en primer año de secundaria se leía Cortázar, Kafka, Vallejo; se veía Bergmann y *Leandro* (de David Viñas); y se intercambiaban ideas, y, además —por cierto—, se cumplía con todas las clásicas reglas de la adolescencia: paredes decoradas con pinturas y leyendas hipersurrealistas, rebeldías, burlas, y las últimas canciones de protesta bien a la moda.

El nivel de los alumnos es siempre el óptimo, el máximo. Son los dueños de la educación los que dosifican y temen que se produzca algún empacho cultural si no se cumple rigurosamente con el recetario de "tal cosa para tal edad".

Cuando mi hijo menor tenía 8 años, en una inspirada noche de verano, mientras jugueteábamos con el tiempo-sin-nada-que-hacer, se me ocurrió realizar un test poco ortodoxo. Estaba yo releyendo *Por quién doblan las campanas* de Hemingway, y tenía el libro a mano.

—Haceme el favor —le dije—, tomá el libro y leé estas dos páginas, y después me contás.

Leyó y me contó.

Ninguna proeza, por cierto.

No obstante el *establishment* entiende que los libros de Hemingway no deben ser leídos antes de "cierta" edad.

No, no son los niños ni los jóvenes los que "no se interesan por nada serio".

Nosotros los condicionamos, los condenamos a "prohibido para menores de", y después nos lamentamos por su desamor a los valores espirituales y profundos de la cultura.

Lo dicho acerca de la escuela vale para el hogar, los maestros no diplomados: los padres, y su relación con los hijos. La autocensura funciona plenamente con toda la libertad y democracia del mundo. Los padres no suelen hablar *seriamente* con sus hijos. Se creen modernos si apelan a la educación envasada, a la semillita y al huevito —por ejemplo— en materia de información sexual. Suena tan a cuento como el mito de la cigüeña. Suena a falso, a forzado; los rubores cubren el rostro científico del padre, y el hijo lo ve, lo intuye.

Los padres de mis alumnos de entonces en más de una ocasión me hablaban de sus hijos, se quejaban, sobre todo por la falta de comunicación.

Yo les respondía:

—¡Qué le va a hacer! Así son los adolescentes...

Verdad muy parcial. Así no son los adolescentes. Pero si no se les habla espontáneamente, libremente, seriamente, pierden afición a la comunicación... Los adolescentes son lo que los hacemos ser.

Y los niños.

Y El Hombre.

No hay dos series de valores. Hay una sola. La única vigente. Lo aprendí de mi alumna.

Si hacemos una isla —aprendí— mentimos.

Mentimos todos, maestros, directores, alumnos, padres. Porque todos, según lo expresa Bateson, somos obsoletos. *Todos,* alumnos inclusive:

"Pero no se piense que el claustro de profesores, los rectores y los regentes son los únicos obsoletos, en tanto que los estudiantes son sabios, nobles y actualizados. *Ellos están tan obsoletos como nosotros.* Todos navegamos en el mismo barco... [...] Lucharon (los estudiantes; J. B.) por la representatividad y el poder... Ahora tenemos representantes estudiantiles en el Consejo de Regentes y en otros sitios. Pero cada vez resulta más claro que el triunfo obtenido en estas luchas por el poder no ha introducido cambio alguno en el proceso educativo."[34]

[34] Gregory Bateson, *Espíritu y naturaleza, ob. cit.,* pág. 194.

Estamos en el mismo barco. Maestros y alumnos. Queremos lo mismo, lo mismo que la sociedad quiere. Aunque se declare *otra* aparente voluntad. Y todos queremos disciplina.

Aprendí sinceridad de esa alumna que puso en duda toda mi estructura mental y pedagógica.

EXPRESIÓN Y LIBERTAD

Libertad. Democracia. El derecho de la libre expresión.

¿Expresar qué?

—Lo que uno piensa —se respondería.

He aquí el dilema: ¿piensa uno?

Erich Fromm, en *El miedo a la libertad,* y en el capítulo especial que le dedica al tema "Libertad y democracia", plantea la
cuestión de esta manera:

> "El derecho de expresar nuestros pensamientos, sin
> embargo, tiene algún significado tan sólo si somos capaces
> de tener pensamientos propios..."[35]

Claro que podemos expresar lo que queremos acerca de lo que
queremos. Eso lo presenciamos todos los días en televisión. Des-
filan políticos opinando sobre literatura, literatos sobre política,
vedettes sobre el futuro de la humanidad, locutores sobre ópera,
y cualquiera sobre EL HOMBRE, desde luego.

Pero unos repiten a los otros, a los diarios, a las revistas, a lo
que dice la gente.

Eso no es lo "uno piensa". No piensa. Expresa, pero no piensa. Pensar es toda una tarea. Y pensar solo, por sí mismo, toda
una montaña. De modo que en términos generales lo que menos
se practica es el vero pensamiento aunque se esté derrochando
expresión por todos lados y sobre temas varios que uno ya tiene
aprendidos. No el pensamiento, sino la expresión. Se aprende de
otros, se repite, y se sabe tan bien que siempre se expresa lo
mismo.

Expresar no es un acto de libertad. Es un acto. Si no expresa

---

[35] Erich Fromm, *El miedo a la libertad,* trad. G. Germani, Ed. Paidós, Bs. As.,
1957, pág. 261.

pensamientos propios no es un acto *significativo*. De lo cual se deduce que la *libertad es la capacidad de expresar algo propio o realizar actos significativos que promueven un aprendizaje*.

Volviendo a Fromm:

"La libertad de la autoridad exterior constituirá una victoria duradera solamente si las condiciones psicológicas íntimas son tales que nos permiten establecer una verdadera individualidad propia."

Libertad es aprendizaje. Es diferencia. Es relación creativa.

El medio es el mensaje —enseña McLuhan.

Nuestro medio es siempre humano. Al menos en educación. El medio no es la tiza ni la palabra ni la diapositiva ni el vídeo. El medio es la persona. El maestro. Y los unos y los otros en clase. Y lo que allí sucede *entre* todos: la relación.

La tecnología educativa, los adelantos cibernéticos no han de ser despreciados.

Sirven para *enseñar*.

Para *educar* se necesita hombres.

De Claudel aprendimos que *connaître* en el diccionario significa "conocer" pero en la vida implica *con-nacer*. Nacer juntamente con lo conocido, y con otros cognoscentes. No es una conducta intelectual. Es personalmente comprometedora.

El conocimiento que todo aprendizaje supone fue considerado en la antigüedad helénica y en el profetismo bíblico como *proceso erótico*.

En hebreo "saber" y "amar" se expresa en un único verbo, *iadá*.

Casualmente ese vocablo nos remite fonética y semánticamente a la *idea* cultivada en la Academia de Platón como éxtasis amoroso.

"Para Platón, el Eros es la vez tránsito de un saber limitado a un saber más amplio..."[36]

Conocer.

Amar.

Co-nacer.

En teología es la *re-velación*.

En pedagogía es la *re-volución*.

[36] Max Scheler, *Amor y conocimiento,* trad. A. Klein, Ed. Sur, Bs. As., 1960,   pág. 15.

La rebelión contra la inercia, el pensamiento institucionalizado.

Se trata de una constante re-construcción del mundo.

La libertad se la gana y se la pierde 24 horas al día, si se la juega.

Como el amor: hay que aprenderlo en cada ocasión. O no somos libres. O somos esclavos de nosotros mismos, de nuestras rutinas de amar, pensar, opinar, sentir, gustar, disfrutar.

¿La libre expresión? ¡Claro que sí! ¡Pero expresión del ser libre!

¿Quién se atreve a ser libre?

¿Quién se atreve a revisar sus prejuicios en todas las materias que la vida ofrece, físicas y espirituales, ideológicas y religiosas, deportivas y estéticas?

Dije prejuicios porque de ese "relleno" estamos confeccionados.

Pre-juicio. Un juicio tenido alguna vez y que desde entonces lo repetimos con ciega fidelidad, es decir con automatismo sacro.

Pre-juicio no es solamente pensar mal de los negros, de los judíos, de los del norte, de los del sur.

Pre-juicio es todo juicio no reflexionado, no vuelto y devuelto al análisis periódicamente.

Pre-juicio es el juego repetido, extraído del proceso del aprendizaje.

El hombre libre también tiene prejuicios, pero *a veces piensa*. A veces duda. A veces se manifiesta inseguro acerca de posiciones tomadas.

EL SER UNO MISMO

¿Qué es "uno mismo" sino uno que aprende a pensar por sí mismo y, en consecuencia, se busca en la diferencia?

Caer en la duda es un hecho catastrófico, una caída.

Aprender es aprender a *ponerse en duda,* al sí mismo y todo su "banco interior de datos", el *soft* que me hace ser yo y que alude, desde luego, a todos los otros, el mundo, y las verdades convencionales, mitos, creencias, pre-juicios.

Ser uno mismo es tener un poco de mundo propio, un poco de pensamiento propio, un poco de duda.

Un poco de soledad. Entre la gente o en el parque o en la casa.

Aprender a estar solo. A quedarse solo. Un poco, no más. De vez en cuando. Un alto en el camino. Un rellano. Para contemplarse en el espejo del sí mismo y decir-se la verdad. Eso sería vera expresión de libertad, y libertad de expresión.

¿Cómo se logra:

Educando. Educándose.

Citemos nuevamente a Krishnamurti:

"Yo pienso que el propósito de la educación es crear esta mente nueva y explosiva, esta mente que no se ajusta al molde que la sociedad ha establecido."[37]

Agustín de Hipona, en sus *Confesiones,* hace unos mil quinientos años atrás ponía en duda a las escuelas, a los contenidos de enseñanza, a los fines de la educación vigente.

Desde entonces a hoy no es mucho lo que ha cambiado.

Entonces se enseñaba los clásicos griegos, Homero, sus metáforas, sus palabras. Hoy, los clásicos ya no están de moda; pero

---

[37] *Krishnamurti y la educación,* s/t, Ed. Sudamericana, Bs. As., 1981, pág. 27.

otras son las modas que imponen coercitivamente valores, frases, ideas, palabras.

Agustín preguntaba:

"Por ventura, ¿no había otra cosa mejor en que se ejercitasen mi ingenio y mi lengua?"

Y en otro párrafo comentaba:

"Es para mí una canción insufrible el oír a los otros y repetir yo mismo: *uno y uno son dos, dos y dos son cuatro*; cuando por otra parte era para mi gusto un pasaje muy delicioso, el de aquel caballo de madera lleno de gente armada, el incendio de Troya..."

Mil seiscientos años más tarde se oyen las mismas quejas, idénticos argumentos.

Las insufribles canciones de antes son reemplazadas por canciones de hoy que, al ser canciones, es decir fórmulas repetitivas y sin razón de ser visible, se tornan insufribles.

Algo falla en la educación y no son las materias, las asignaturas, los programas.

No porque ellos sean buenos y perfectos. Materias, asignaturas, programas, técnicas, metodologías, merecen entrar en un urgente proceso de revisión en la Argentina y ser modificados, sin lugar a dudas, desde la raíz.

Lo que digo es que sobre ese problema se yergue un meta-problema acerca de *qué es importante* desarrollar en educación, *qué es lo valioso* y qué debe presidir las clases de cualquier materia, de cualquier asignatura y en cualquier sistema didáctico.

Eso que es invisible a los ojos —según definición de *El Principito.*

Lo valioso y lo importante, si redujéramos todos los puntos de vista a un común denominador es

—saber vivir
—vivir sabiendo.

Encuentro que el simbolismo esencial de estos horizontes, saber y vivir, vivir y saber, fue sugerido en términos elementales de dos árboles en el mítico Paraíso. Ese jardín edénico era ecológicamente armónico hasta que se produjo la crisis de la des-integración: comieron del árbol del saber *solamente.* Del otro árbol se olvidaron, o simplemente negaron su existencia.

La caída es caída en la unilateralidad que nos aprisiona. Ahí se destruyó el Paraíso. Ahí mismo se quebró la relación entre Adán y Eva, y entraron en la rauda competencia de quién sabe más, quién domina más, quién posee más, quién es más insaciable y consecuentemente más infeliz.

Al decir de Agustín, en las *Confesiones*, capítulo XVI, a todos nos arrastra ese "río infernal de la costumbre".

La informática introducida en todas las escuelas, desde el jardín de infantes, podrá producir grandes cambios; pero en *materia* de vida probablemente ninguno. En esa *materia* el currículum esencial que manejamos en casa, en la calle, en el gobierno, en la escuela, es el "río infernal de la costumbre" que nos viene de los primeros manantiales adánicos.

La pregunta, por tanto, es:

—¿Qué mensaje transmitir en clase a través de las distintas asignaturas y actividades en la escuela, sean cuales fueren?
—¿Qué mensaje transmitir en casa, los padres a los hijos en las peripecias de la vida?

LA CARRERA DE LA VIDA

La respuesta la venimos esbozando en las páginas de este libro.

Enseñar a aprender. Aprender a aprender. Aprender la libertad. Revisar esquemas. En clase, en casa, vivencialmente. Criticar toda suerte de idolatría. Detener la carrera y contemplarse en un verídico *tête à tête,* yo-tú.

Dije "carrera". La vida encarada como carrera, ése es el río de la costumbre infernal, porque hace que el otro —apoya Sartre a Agustín— sea mi infierno. El otro disputa La Carrera conmigo. Somos antagonistas. En la película *Carrozas de fuego,* la Carrera, metáfora de la vida en Occidente, es llevada a sus más altos lauros de dignidad, honor, moral, humanidad, belleza. Los protagonistas corren llamados por un "destino superior": el uno es cristiano y siente que Dios lo creó para correr; el otro es judío, y considera que la historia le pide que corra, que supere vallas.

El filme fue hecho con "buenas intenciones". Si uno se quita ciertos velos emotivos de los ojos, y la mira por segunda vez, críticamente ya no pregunta por qué corren los otros, sino *¿por qué corro yo?*

Cuenta Alan Watts que "el quimono es una de las prendas más extraordinarias que se hayan ideado jamás".[38]

Y lo explica. Nos da a conocer todas las virtudes que tiene esa prenda oriental: aireada, cómoda, de múltiples aplicaciones.

No obstante los japoneses han empezado a dejar de lado vestimenta tan plausible. ¿Por qué? Watts interrogó a un japonés al respecto y obtuvo esta respuesta:

—"Bueno, si vas con quimono es imposible correr detrás de un autobús."

[38] Alan Watts, *Nueve meditaciones,* trad. Marta Guastavino, Ed. Kairós, Barcelona, 1981, pág. 85.

Y es cierto. Cosa que no inquieta a Watts. Más bien lo contrario: deberíamos usar quimono así dejamos de correr y aprendemos a caminar.

"No creo que ninguna persona que se respete deba correr jamás detrás de un autobús; lo que necesitamos más que otra cosa es desacelerarnos y llegar a pasearnos por la vida en lugar de pasar por ella a la carrera."

Pasar.
O pasear.
Pasar por la vida corriendo detrás de alguna meta que es siempre *vencer al prójimo* en cualquier terreno, es cultivarse para el odio, para el resentimiento, y condenarnos al dis-placer eterno del río de la costumbre.

De eso podemos hablar en las clases de biología, matemática, castellano, o ejercicios físicos.

Las asignaturas o materias del programa escolar pueden ser fines en-sí, pero siempre son medios, un medio-ambiente de encuentro entre jóvenes con jóvenes, jóvenes con maestros y es el encuentro el que puede ser educativo, lo que se haga *con* la materia, *a través* de la materia, *con pretexto* de la materia.

Cualquier tema se presta para hablar de… nosotros mismos.

Es el gran descubrimiento de Freud. Hable de cualquier cosa; usted siempre está hablando de sí mismo.

Junto a las verdades de la matemática y de la física, en la escuela puede practicarse el aprendizaje de la comunicación interpersonal, decir-nos, expresar-nos.

Con libertad. Saber vivir. Y vivir sabiendo. Con criticismo, nuestro último baluarte en un mundo de dioses derrumbados cuyos tronos pretenden ser expoliados por diosecillos fanáticos y maniáticos especialmente propicios para gente insegura que de tanto querer ser uno-mismo cae en las fáciles trampas del no-ser.

¿Qué mensaje transmitir? —preguntamos.

"No tendrás dioses…"

respondemos.

Pero la educación no se hace con póster ni eslóganes ni declaraciones ante el micrófono del entrevistador de la televisión o de los periódicos. Ni hablando con los hijos el día del padre. Tampoco se hace a la carrera.

Es una dura tarea. Dura porque requiere tiempo, mucho tiempo. Prudencia y paciencia. Es un proceso de decantación y elaboración.

Aprender a pensar, a desechar servidumbres idolátricas-idológicas-ideológicas, es aprender la libertad.

Se me responderá que es imposible vivir sin ideología, que yo mismo estoy encubriendo alguna ideología que me mueve a escribir estas líneas. Es cierto.

El criticismo consiste en que *se elija* la ideología que uno desea compartir *después* del análisis crítico respectivo de esa ideología, de sus contrarios, y con plena conciencia de que la elección ideológica es —como decía Russell— un sufragio de nuestro mundo emotivo, o de factores inconscientes freudianos, adlerianos, jungianos o rankianos; una *decisión* personal; una conveniencia caracterológica o circunstancial; una razón puesta al servicio *de intereses y no de la verdad.*

Ideas, no ídolos.

Relativas a mí, a nosotros, a mi grupo, a mi partido, a nuestro gusto.

Ideas que autorizan, en consecuencia, vivir y confrontarse con el otro. *Vivir.*

Este criticismo tan elemental no es un punto de partida, es un puerto de arribo.

Cambiar el espacio euclideano por otro espacio donde las paralelas sí se cortan, es mera tarea intelectual. Puede tomar un tiempo de estudio pero se logra.

Cambiar de postura existencial, considerar que ESTO *no es una carrera,* que somos co-agonistas, protagonistas, y si es necesario también antagonistas, pero lúdicamente, mientras compartamos por igual ideales de vida y no de muerte, eso reclama un enorme y larguísimo proceso educativo.

Pero puede realizarse. En clase, en casa, en la calle, en los carteles de publicidad. Pero eso depende ya del Poder Público. Y al Poder le interesa siempre que La Carrera se fortalezca, que la competencia se agudice, que los corredores se azucen.

Poder y Pedagogía tienen objetivos totalmente opuestos.

Es cierto, es el Poder el que maneja a la Pedagogía. Pero también es cierto que al favorecer el encuentro de unos con otros, jóvenes y maestros no puede regular las consecuencias de esos encuentros. La pedagogía programáticamente está al servicio del Poder. "Accidentalmente", puede estar al servicio del hombre.

Atenas, es obvio, no lo quiere a Sócrates.

El Poder dice "libertad", "humanismo", "cultura", pero se refiere siempre a "pan y circo".

Desenmascarar es la tarea del pensamiento, de Sócrates.

PEDAGOGÍA DE "FERDYDURKE"

Una de las metas primordiales del crecimiento es aprender a rebajar la altura de nuestras ideales proyecciones a sus dimensiones más concretas, inmediatas.

Traducir grandes palabras por las monedas de la realidad que les corresponde.

Toda altisonancia merece ser evidenciada en su elemental disonancia.

Witold Gombrowicz en *Ferdydurke* practica constantemente este ejercicio.

Uno de los más bonitos es la traducción de un poema:

"Los horizontes estallan como botellas
la mancha verde crece hacia el cielo
me traslado de nuevo a la sombra de los pinos
y desde allí:
Tomo el último trago insaciable
de mi primavera cotidiana."

Algunos se extasiarán más o menos con esta u otra poesía.

Gombrowicz se toma el trabajo de traducir esos versos. No de trasladarlos a otra lengua, sino de traducir las palabras y las metáforas al mensaje que contienen. Y el resultado es el siguiente:

"Los muslos, los muslos, los muslos,
los muslos, los muslos, los muslos, los muslos,
el muslo.
Los muslos, los muslos, los muslos."[39]

[39] Witold Gombrowicz, *Ferdydurke,* s/t, Ed. Sudamericana, Bs. As., 1964, pág. 150-151.

Traducir equivale a desmitificar. Reemplazar lo visible por lo oculto, la cáscara por el grano, el disfraz por el cuerpo.

Lo de Gombrowicz no es más que una broma. El poeta conjuga preciosos términos, pero todo lo que quiere son los muslos de su amada.

Ni Gombrowicz ni mi humilde escritura pretendemos enseñar a leer poesía reduciéndola siempre a necesidades libidinosas o libidinales.

Queremos prevenir contra el mensaje forrado en palabras de alta alcurnia.

Aprender a discernir. Qué es lo mío y qué es lo ajeno que se ha hecho piel en mí. Qué quiero y qué me hacen querer. Qué pienso y qué me hacen pensar.

No apelo a ningún fantasma en particular. Todo lo Otro me avasalla. Lo Otro es una amalgama de fuerzas que son Poder, y me educan, me enseñan, se filtran en mi sangre. Es la sociedad, la cultura, la moda, la clase social, el gobierno, la publicidad. Ellos me dicen qué libros debo leer, a qué hora debo acostar a mis hijos, cuántos orgasmos tiene un hombre feliz, quiénes son mis enemigos en calidad de argentinos...

Lo Otro, fruto de Los Otros que se dividen entre sí sectores del poder.

En la evolución el *Homo sapiens* viene creciendo con furia y sin pausa en la modificación del mundo exterior, de lo ajeno-al-hombre. Su mundo propio, el interior de cada uno, y el interior de la sociedad interhumana progresa en milímetros muy tenues hacia la autoconciencia. En esto nos diferenciamos de Sócrates y de Isaías: *nosotros estamos aprendiendo a verificar cuánto otro mismo es el uno mismo.*

Esa es la conciencia nueva.

Y esa conciencia merece ser cultivada, adiestrada, potenciada. Educar es educarla.

En el mismo *Ferdydurke* pone de relieve Gombrowicz, que vivió en la Argentina considerable cantidad de años, esa nueva conciencia:

"Pronto empezaremos a temer a nuestras personas y personalidades porque sabremos que esas personas no son del todo nuestras. Y en vez de vociferar y rugir: yo creo eso, yo siento eso, yo soy así, yo defiendo eso, diremos con más humildad: a través de mí, se cree —se siente— se dice-se-hace-se-piensa-se obra... El vate repudiará su canto. El jefe temblará ante su orden. El sacerdote temerá al altar más que hasta ahora, la madre enseñará al hijo no sólo principios sino también cómo manejarlos... y defenderse contra ellos para que no le hagan daño. Y, por encima de todo, lo humano se encontrará un día con lo humano".[40]

El ideal mesiánico supremo que se expresa en estas líneas es

"el jefe temblará ante su orden,
el sacerdote temerá al altar..."

Que el poder se tema a sí mismo.
Que el poder se "infeste" de in-seguridad, de in-credulidad.

¿No era acaso eso lo que anhelaba Platón cuando imaginaba que su República debía estar gobernada por filósofos, es decir gente pensante, gente que sopesa verdades *vs.* intereses, necesidades *vs.* negociados?

No, no podemos aspirar a tanto.

Por eso prefiero destacar la frase más real —también lejana, pero con probabilidades de realización— y que más cerca está de nuestras propuestas:

"La madre enseñará al hijo no sólo principios sino también cómo manejarlos...
y defenderse contra ellos
para que no le hagan daño."

Eso es factible. Es la teoría básica de la educación para esta era posmoderna y cuyo tiempo-eje está signado por una conciencia dispuesta a discernir entre mitologías y tipos lógicos.

En consecuencia la tarea pedagógica pasa por dos momentos primordiales:

—Los principios.
—Cómo ejercerlos.

Lo novedoso, un poco, es cómo ejercerlos. Decir Libertad y Hacer la Libertad. *Real*-izar lo que se predica, lo que se dice que se debería hacer.

Pero la gran revolución consiste en APRENDER A DEFENDERSE contra los propios principios que uno tiene aprendidos, internalizados, encarnados "para que no le hagan daño".

[40] *Ibídem*, pág. 84.

EL FIN DE LOS PRINCIPIOS

Cómo tener principios, *sabemos*. Cómo manejarlos, a veces *sabemos*. Cómo defendernos de nuestros propios principios petrificados, idolizados, *no sabemos*. Aquí ha de radicar el basamento de la nueva pedagogía para la nueva conciencia.

Los principios son brújulas para manejarse en la vida.

Pero el movimiento de la aguja imantada se perpetúa a medida que hay movimiento en el portador de la brújula. La aguja siempre tiembla.

En cambio del horizonte de los principios tiene por característica su estabilización en nortes definitivos para siempre, y si la realidad no coincide, es la realidad la que se equivoca.

Los principios-brújula, al inmovilizarse, nos conducen a falsos nortes, y uno termina... estrellándose.

Aquí es el Tánatos freudiano el que vence al principio de vida y de placer.

Hay que defenderse de los principios que concluyen siendo tanáticos.

Nuestro principio es volver siempre al principio, y revisarlo.

No puedo indicarles a los arquitectos e ingenieros que una vez por año revisen los cimientos de los edificios. Esos cimientos, responden a leyes científicas que si bien no son inmutables, las mutaciones que los afectan no hacen mella en aquellas construcciones.

Pero los cimientos de vida humana no responden a leyes científicas. Fueron y son determinados por motivaciones donde la racionalidad está al servicio exclusivo de lo irracional: pasiones, carreras, ideales.

Esos cimientos merecen ser revisados cotidianamente.

La revisión consiste, en primer término en eludir evasiones a entidades más o menos metafísicas, que operan como fetiches en nuestro manejo de los principios.

Acerca de nosotros, los argentinos, escribió H. A. Murena:

"Sólo la crisis podrá tomarnos por el cuello y arrojarnos de bruces sobre lo real. Cuando el fracaso sin precedentes de las excusas haga que todo se torne angustiosamente inseguro, cuando en el fondo de nosotros mismos la falsedad de nuestras posiciones se nos abra como una trampa, entonces es posible que volvamos hacia nuestro quehacer cotidiano para buscar allí un refugio y nuevo punto de partida. El trabajo personal: será preciso que empecemos desde allí a conocer lo que es la realidad y lo que somos nosotros mismos".[41]

Las excusas procuran seguridad. En el mundo de los pre-juicios y de los reflejos sociales condicionados, siempre hay a mano una red de excusas para justificar carencias, falencias y responsabilidades.

"El fracaso de las excusas", dice Murena.

Eso pone de manifiesto "la falsedad de nuestras posiciones". Aquello que llamamos "principios". Las creencias preprogramadas deben entrar en crisis con todas las crisis.

Las crisis no son parciales, sugiere Murena. Son totales. Unos aluden a la economía, otros a la política, otros a regímenes pasados, otros al imperialismo, otros a la Dependencia. Son evasiones. Hay que evadir las evasiones. Eso es aprender a pensar. Eso sería educar, educarse. Las fórmulas hechas ya no sirven. Hay que jugarse en lo que Murena llama "el trabajo personal".

Si uno quiere ser uno mismo, uno debe hacer algo por uno mismo.

En "nuestro quehacer cotidiano". La realidad, y no las ideas que teníamos acerca de la realidad.

En el quehacer "buscar refugio y un nuevo punto de partida". El principio es volver al principio.

---

[41] H. A. Murena, "Notas sobre la crisis argentina", en *Sur*, Bs. As., agosto de 1957.

LAS CREENCIAS Y LAS NECESIDADES

Las creencias de una generación son las falsedades de la generación siguiente.

En el pasado cercano *se creía* que era bueno hacer fila en la escuela, marcar el paso, depositar conocimientos en el "banco" intelectual de los educandos, memorizar los momentos más relevantes de la cultura occidental, hablar con propiedad, sumar ortografía a la caligrafía.

Hoy *se cree* que lo bueno reside en romper filas, sentarse en el suelo en ronda, dejar de usar uniforme en la escuela, practicar la libre expresión en forma de voseo, y en el estilo de "¿a vos qué te parece?", que cada uno diga lo que le parece sin necesidad de fundamentarlo.

El nuevo principio dictamina que ni Homero, ni Shakespeare, ni Alberdi, ni Bioy Casares son importantes, teniendo como único criterio de importancia lo que a cada uno le gusta más, las noticias del periódico, el folclore nacional y los temas latinoamericanos.

Las creencias en su debido momento son vistas como *necesidades.*

Necesidades naturales.

Resulta fascinante contemplar cómo "las necesidades naturales" del Hombre cambian de tiempo en tiempo.

Bien lo explica Telma Barreiro:

"Durante mucho tiempo el hombre occidental creyó que sus pautas de conducta, sus deseos y aspiraciones expresaban la naturaleza humana... Hoy somos capaces de descubrir que lo que hemos considerado como necesidades y tendencias 'naturales' del hombre son sólo producto de nuestra cultura".[42]

[42] Telma Barreiro, *Hacia un modelo de crecimiento humano,* Ed. Nuevo Estilo, Bs. As., 1983, pág. 95.

Primero ideamos nuestras necesidades. Después las practicamos. Más tarde las filosofamos. Luego concluimos que son "de la naturaleza humana", eternas e inamovibles.

El auto-engaño suele encontrarse en el hombre de todos los tiempos.

Inventamos al Pato Donald. Implementamos al Pato Donald. Forzamos a todos los chicos a leer al Pato Donald. Los chicos leen el Pato Donald.

Los chicos aprenden a disfrutar del Pato Donald. Los chicos piden el Pato Donald. Luego declaramos que hay algo en la naturaleza infantil que le dictamina la necesidad de leer o ver dibujos animados, y les encanta proyectar su identidad en animalitos, patos, ratones, conejos...

En los estudios contemporáneos de etología comparada, encabezados por Konrad Lorenz, se comparan las conductas de animales y las de los seres humanos. Ahí tiene vigencia la idea de *imprinting* o troquelaje: las conductas que se imprimen en los recién nacidos o infantes. Algunos atrevidos como Sluckin llegan a decir: "Asimismo sólo podemos preguntarnos si el vínculo con nuestro medio habitual o aun con nuestro país depende de un modo o de otro de cierta forma de *imprinting*".[43]

No estoy con Ariel Dorfman y Mattelart cuando en su libro *Para leer el Pato Donald* olfatean imperialismo y adoctrinamiento por todos sus poros y practican cierta mixtura de psicoanálisis en diván hipermarxista. Pero en términos globales lo que vale en su denuncia es que Los Otros troquelan nuestros gustos, conductas, preferencias y terminamos considerando todo eso como "necesidades naturales del hombre".

La infancia es lo que nosotros decidimos que la infancia sea.

La fórmula vale para todo lo humano.

Todavía no se ha demostrado que la educación de antes, esa que empezaba con lectoescritura a veces a los cuatro y otras a los cinco años, esa que cebaba al alumno-pavo con conocimientos, datos, versos, latines, y demás desde la cuna, todavía no se ha demostrado, repito, cuán nefastos fueron sus frutos.

Así como *tampoco se ha demostrado* aún qué felices son nuestros hijos y sus coetáneos porque se expresan libremente, dicen lo que les parece, hacen lo que les gusta y recortan pedacitos de

---

[43] W. Sluckin, *Imprinting y aprendizaje temprano,* trad. Aníbal Leal, Ed. Hormé, Bs. As., 1982, pág. 213.

diario para llevar a clase y comprometerse de ese modo con la realidad inmediata.

Sí parece estar demostrado que en toda época, en todo sistema, los alumnos aprenden —en términos de Krishnamurti— a pesar del sistema de turno.

Ni todos los de antes eran imbéciles-castrados-frustrados, ni todos los de ahora son neuróticos empedernidos con vocación de *heavy metal,* sadomasoquismo y droga.

Aquí se aplica un fragmento de Kafka, para mí memorable:

"Porque somos como troncos de árboles en la nieve. Aparentemente sólo están apoyados en la superficie, y con un pequeño empellón se los desplazaría. No, es imposible, porque están firmemente unidos a la tierra.
Pero atención, también esto es pura apariencia."[44]

Todo lo que se diga del Hombre es apariencia.

Apariencia es la superficie firme en que se apoyan nuestras ideas y creencias.

Apariencia como nuestros sueños, porque *son* nuestros sueños, nuestras proyecciones, nuestras necesidades tornadas en "necesidades de la naturaleza humana".

Pensar es tomar conciencia de ciertas apariencias. Traducir, reducir esencias sacralizadas a apariencias pasajeras. Tan pasajeras como el ser generacional que nos corresponde.

Aparentemente caeríamos en un relativismo que nos paralizaría o en algún nihilismo de indiferencia cósmica. También eso es apariencia.

Yo con mis sueños me llevo bien.

Lo que tengo que aprender es a llevarme bien con los sueños ajenos.

Tengo que aprender a pensar que

> *Pienso*
> *por lo tanto*
> *piensas.*

Los sueños son todos legítimos. El pensamiento entre ellos. Los que se comparten, mejor.

---

[44] Franz Kafka, *La condena,* trad. J. R. Wilcock, Ed. Emecé, Bs. As., 1952, pág. 59.

Los que no se comparten, los más personales, han de educarse a satisfacerse consigo mismo, o a atender a otros para aprender de otros.

Ese es el campo de la libertad, del ser-diferente.

¿Somos diferentes? ¡*Ergo* somos personales!

¡*Ergo* podemos aprender!

¡Viva la diferencia! —dijo cierto francés entusiasta.

Conviene recordar que "viva" es lo contrario de "muera".

EL APRENDIZAJE DE LA COMUNICACIÓN

La diferencia *puede ser* puente de re-ferencia, es decir de relación.

Para captar la diferencia, hay que escuchar. El prójimo debe presentificarse y su palabra ha de ser oída, registrada, contabilizada.

Diferente es el no-como-yo.

A tal efecto, debo prestarle atención.

Comunicación.

Si educar es educar en-por-para la diferencia, educar es *educar para la comunicación*.

¿Cómo funciona el mínimo de educación requerida, un *bit* humano?

Uno habla, el otro oye. ¿Quién escucha?

¿OYE EL OTRO?

Ése es el interrogante, nada hamletiano, físico y concreto.

Pero el cuestionamiento puede ser invertido en términos de:

¿HABLA UNO PARA QUE EL OTRO OIGA?

Hay un hablar-para-ser-oído y hay un hablar-para-oírse.

En el diagrama más elemental del proceso comunicativo-informático está el:

—Emisor del mensaje.
—Medio comunicativo.
—Contenido del mensaje.
—Receptor-decodificador del mensaje.

En última instancia el mensaje depende del receptor-decodificador. Si él cierra sus compuertas perceptivas no hay ni emisor ni medio ni mensaje. Él decide. *Ese est percipi,* enseñaba Berkeley.

Ser es ser percibido.

En última instancia la comunicación depende del receptor, es decir de El Otro.

Eso siempre y cuando el primero, el emisor, haya practicado un hablar-para-ser-oído.

Cosa que no ocurre a menudo. Más bien lo contrario: ingresados como estamos en la rutina inter-monologal vivimos juntos para que cada uno diga su palabra, y nadie oiga a nadie. En consecuencia cada vez nos perfeccionamos más en el narcisismo palabrero.

En este orden de cosas ya no espero que el otro me entienda.

Doy por sentado que no me entenderá. No me interesa que me entienda, y en consecuencia hablo como si no estuviera presente sin que me preocupe en lo más mínimo si mi expresión es o no entendible.

Comunicación, es comunicación de la diferencia.[45]

La diferencia ocurre en un contexto de semántica que permite la analogía.

La diferencia es conclusión del "Pienso, por lo tanto piensas".

Es decir: Pienso, por lo tanto piensas diferente. Y me interesa lo que piensas. Para confrontarlo con lo que pienso.

Se nos ha enseñado a hablar.

—¡El nene ya habla! —dicen los papis radiantes y las tías felices.

En mis raptos delirantes imagino una situación en la que un grupo de familia contempla a un chico y lo evalúa diciendo:

—¡Qué bien que escucha Carlitos!

El arte de educar está ligado al arte de escuchar. Como el arte de amar, que es arte de aprender *en* el otro.

Entre el uno y el otro corren los significados.

El emisor produce significantes, que portan significados.

El receptor decide qué significados corresponden a los significantes.

Siempre que oiga.

Siempre que esté dispuesto a interpretar. Inter-penetrar.

---

[45] "Un *bit* de información se define como una diferencia que hace una diferencia", Gregory Bateson. *Pasos hacia una ecología de la mente,* trad. Ramón Alcalde, Ed. Carlos Lohlé, Bs. As., 1976, pág. 345.

Primero oír, después escuchar
Combinar el

| qué dice |

con el

| qué quiere decir |

con el

| qué suele decir |

con el

| qué reacción espera de mí |

No es cuestión de lingüística ni de filología sino de análisis semántico transaccional.

No es la palabra la que significa. Es la persona.

La persona es el significante.

La palabra "luna" en boca de un astrónomo significa "luna". En boca de Romeo y frente a Julieta significa, "miel, hechizo, te adoro".

Comunicarse es traducir:

el mensaje es disuelto en el contexto del sujeto significante y se hace significado dentro del otro sujeto significante.

De lo cual se infiere que *no existe el significado.* Lo único que existe es el significante, los significantes, nosotros. El cuerpo de la emisión y el cuerpo de la recepción y el campo magnético que conecta a ambos. Lo siguiente, dice Lacan, es

"hueso de mi enseñanza: que hablo sin saber. Hablo con mi cuerpo, y sin saber. Luego, digo siempre más de lo que sé."[46]

---

[46] Jacques Lacan, *El seminario. Aún,* Libro 20, trad. D. Rabinovich, Delmont Mauri y Violeta Sucre, Ed. Paidós, Barcelona, 1981, pág. 144.

Yo estoy sujeto, repito con Lacan, a esa discordancia entre ser y saber.

De ahí *la necesidad del otro.*

El otro diferente es mi intérprete, el único posible, el único que puede poner de relieve esa discordancia.

El significado de mi significante nunca es mío; siempre está *alterado.*

Su hado es el *alter,* el otro.

Necesito de su oído, de su atención.

Según McLuhan estamos pasando de una cultura del ojo a la cultura del oído.

Podemos dejar de vernos y comenzar a oírnos.

La vista fija los elementos que percibe y les otorga formas definitivas.

La vista inmoviliza. Es el órgano de la racionalidad. *Idea* es el verbo griego *orao* = ver. La idea es vista, clara y distinta, con bordes torneados en perfección de delimitaciones. La pretensión helénica del Logos es la fusión absoluta de significante y significado. Un Orden, un Cosmos, Único, Eterno, Inexorable. La esfera perfecta de Parménides. La armonía de Pitágoras. La Verdad.

Esa razón visual está al servicio de la ciencia, no de la vida —como observó Henri Bergson. No entiende sino lo inmóvil. Es decir lo inerte, lo muerto. Para ello inmoviliza, y luego entiende.

El ser, en el horizonte de la razón visual, es todo el ser que es. No hay discrepancia entre el ser y el saber, al modo lacaniano. El ser no es rebasado. El significado es todo el significado. No hay más que una "luna", la de la Verdad, que coincide con la que está en el firmamento. Las otras "lunas", las de Romeo, son lunáticas opiniones subjetivas y en última instancia una traición al espíritu razonable y racional. Deben ser expulsadas de La República, dijo irónicamente el sutil Platón, porque son desorden y des-estabilizan la Organización de significado=significante.

Sobre ese eje mental venimos girando a lo largo de los siglos.

El eje opositor, si cabe decirlo en estos términos, es el auditivo.

"Nos movemos velozmente hacia un mundo auditivo de sucesos simultáneos y conocido de extremo a extremo."[47]

McLuhan es un profeta optimista, y así es cómo se inserta en un nuevo mito de ciencia-ficción-religión en torno al Hombre.

"Ahora podemos vivir no sólo anfibiamente en mundos sepa-

---

[47] Marshall McLuhan, *La Galaxia Gutenberg,* trad. Juan Novella, Ed. Planeta, Barcelona, 1985, pág. 44.

rados y distintos sino plural, simultáneamente con muchos mundos y culturas", afirma. Y afirma bien.

Podemos vivir.

Es una cuestión de decisión.

McLuhan rebosa de Fe en El Hombre: "Compartimentar el potencial humano en culturas únicas será pronto tan absurdo como ha llegado a serlo la especialización en temas y disciplinas".

El objeto visual nos separa a unos de otros. El visualismo, simbolizado por la letra escrita en líneas ordenadas matemática y geométricamente traza un mapa de divisiones, separaciones, fronteras.

El medio acústico rompe esos muros.

"El método del siglo XX no es utilizar un solo modelo, sino varios, para la exploración experimental: la técnica del juicio diferido."[48]

Esa técnica es pedagógica. Preferimos denominar la técnica del juicio *suspendido.* De facto estamos llegando al ideal estoico de ser *ciudadanos del mundo,* de múltiples culturas al unísono.

Lo cual implica un raudo y profundo enriquecimiento.

Y eso es parte de La Carrera, del atiborramiento cultural que Krishnamurti denunció como ciego proceso de "ocupar" las mentes sin dejar "espacios" para la libertad, para la reflexión.

Lo positivo de la inter-culturalización de todo hombre en todo lugar es la aceptación del hecho elemental: somos condicionados, vivimos situaciones de *imprinting,* y nuestros principios no son más que apariencia de troncos en la nieve.

La incertidumbre es el principio que ha de aplicarse a todos los principios que pretendan operar como tales.

Newton decía: Vemos más lejos que nuestros antecesores porque somos como enanos parados sobre hombros de gigantes.

Nosotros decimos: Todo gigante puede ser reducido-traducido a enano. No queremos ver más lejos. Es tiempo de vernos más cerca.

A tal efecto es menester liberarse de significados cincelados en santidades de tradición nacional, cultural, grupal, familiar, personal.

Lo que decía Gombrowicz:

[48] *Ibídem,* pág. 92.

"la madre enseñará al hijo no sólo principios sino también cómo manejarlos...
y defenderse contra ellos."

¡Aprende, hijo, a defenderte de tus propias ideas!
¿Cómo?
Practicando el aprendizaje de la idea ajena, la otra idea.
Oír. Escuchar.
En mayo de 1968 los muchachos de París convocaron a "la imaginación al poder" y previamente hicieron ver que "los oídos tienen paredes".

EL ARTE DE OÍR

Dos herencias nos gobiernan: la del mundo greco-romano, y la bíblica.

Una totalmente occidental. La otra totalmente oriental.

Una civilizada, es decir de ciudades, reinos, organizaciones burocráticas.

La otra de nómada, pastores, gente que tenía una *weltanschauung* presionada por lo ético, dejando de lado lo científico, lo estético, lo político.

Los unos protagonizan la *idea,* la visión, el cosmos = sistema.

Los otros cultivan el *oído*. Es un mundo de voces fluidas. No se aceptan imágenes visuales para Dios. Dios es la voz, nunca una imagen agradable en piedra, bronce, arcilla.

Moisés le pregunta a Dios:

—¿Quién eres?

—Seré el que seré —responde Dios en el libro *Éxodo*.

El que nunca es. El que siempre está siendo. Como la voz. Inapresable, movediza, cambiante.

Lo único que importa es la voz. Es decir el mensaje. El significado.

Por eso la Biblia se dedica a relatar lo que *los hombres dicen.* Es el libro de los diálogos. La conquista de Jerusalem por David, ocupa unos pobres versículos. Pero lo que David dijo, y lo que dijo su resentida esposa Mijal, ESO SÍ QUE IMPORTA, y es desplegado en largos y bien dosificados párrafos. Mensaje.

El mensaje de la relación humana. Lo que importa es la comunicación.

Dios no es sino la voz. Y la voz no es sino el significado.

—"Se os ha dicho… Pero yo os digo…" —exhorta Jesús.

El oído es incierto. No es como la piedra grabada. No es como el bronce moldeado. El oído es *mío,* solamente *mío*. No se lo puede compartir. Una visión es visible para muchos. La voz es audible en uno mismo. Aun si fuéramos muchos los que oyéramos la misma voz, el significado de la voz se verifica en cada uno por separado, termina siendo subjetivo.

El significado depende de mí. Y de ti. Y de nosotros.

Es inter-subjetivo.

Tú y yo *debemos* hablar y comentar qué ha oído cada uno. Interpretar y cotejar interpretaciones.

Sí, en un fondo auditivo, nos necesitamos.

La voz nos radica en un universo cambiante, movedizo. Nada es lo que fue. Uno aprende a oír. Uno aprende a interpretar. Luego aprende a desaprender. Y debe reanudar la tarea.

En un mundo de voces tan inseguro, porque es absolutamente dependiente de significados radicalmente ambiguos, pasajeros, transeúntes, en un mundo así cada día es nuevo bajo el sol, cada encuentro es innovador y la reencarnación es de aquí, ahora, sin necesidad de apelar a la metafísica del infinito.

La inseguridad, lejos de ser motivo de angustia, podría llegar a ser motivo de hermosura.

Lástima la irónica trampa que la historia les tiende a todos los grandes maestros: se crían discípulos, y éstos se dedican a "organizar", "codificar", "santificar" una serie de significados-ídolos. Es el momento de institucionalización religiosa.

Es propiamente hablando la muerte de la voz y de ese Dios que sólo quería ser voz santa, nunca traducción santa, jamás significado santo.

La voz que inauguró el mensaje radical de iconoclastia, fue acallada a través no de la negación sino, al contrario de la afirmación... idolátrica.

Atender a *la voz* es un esfuerzo, un compromiso de cambio.

Se prefirió venerar *la imagen*. Mirando se reposa.

La melancolía del Tú es que se torna Ello.

En la expresión poética de Rainer María Rilke el proceso sería el siguiente:

"Cada uno lleva todo en sí. Si alguien se encuentra y se descubre a sí mismo, podría quizá volver en medio de los otros y ser su salvador, pero ellos lo crucificarían o lo quemarían. Después, con lo que quedara de él, harían una religión."[49]

[49] Rainer María Rilke, *Diario florentino,* trad. M. Masola, Ed. Paideia, Bs. As., 1955, pág. 51.

¿ES GRANDE EL ELEFANTE?

"¿Por qué debe Usted tener confianza en mí? Primero aprenda el arte de escuchar, aprenda —no de mí. Por tanto escuche para descubrir qué es lo verdadero y qué es lo falso, lo cual implica tornarse sensible."[50]

La cita es de Krishnamurti.

Los grandes maestros, en verdad, no quisieran tener discípulos, seguidores fieles que repitieran sus lecciones al pie de la letra. Esos no son discípulos. Son autómatas.

Un buen alumno es el que aprende del maestro a no repetir a ningún maestro.

Un buen maestro enseña el arte de escuchar, de interpretar, de sensibilizarse.

Como un buen padre, desea la in-dependencia de su pupilo.

Un buen maestro da clases de rebelión contra todo significado sacralizado.

Lo que hacía Martin Buber:

En la Biblia está escrito que Dios dijo al profeta Samuel que exterminara al rey amalekita, Agag. Debía realizar la tarea el jefe político, el rey, Saúl. Pero no se atrevió. Tenía piedad. Entonces el propio Samuel tomó una espada en su mano y decapitó al rey enemigo.

En nombre de Dios, claro está.

Martin Buber se rebela contra ese "en nombre de Dios". Un Dios que ordena la muerte bárbara y absurda no es Dios. ¿Ha de negarse a Dios? De ningún modo. Dios no es sino la voz oída por Samuel.

Según Buber no caben dudas de que... Samuel oyó mal, o interpretó mal.

---

[50] J. Krishnamurti, *Principios del aprender, ob. cit.,* pág. 51.

Los hombres, nada más que los hombres, solamente los hombres han de cargar con el suplicio y las flores de la historia del hombre. El oído de cada uno, la comprensión de cada uno.

Los hombres pueden dividirse en múltiples categorías de diversa índole:

Hay dos tipos humanos:

—los que se oyen a sí mismos, exclusivamente
—los que *también* oyen a otros.

Si en el mundo actual cunde el absurdo es porque, efectivamente, se trata de una trama donde prevalece el *ab-surdum,* situación de sordera existencial.

"Es absurdo y a la vez ridículo que algún ser humano busque la dicha perpetua en esta vida. No existen la ventura y el placer en sentido absoluto, sin mezcla de amargura, de lamentación o de envidia a modo de oculta esencia" —opinaba el melancólico Robert Burton.[51]

Amargura, lamentación, envidia, insaciabilidad lo corroen todo. Es cierto. Si todo pasa, decía Rilke, compongamos la melodía pasajera.

No nos educaron para disfrutar de la vida.

¿No podría intentarse?

En principio habría que eliminar "la dicha perpetua" para aprender la dicha de un día a la semana, o al mes.

Lenta y progresiva y didácticamente la cuota iría creciendo…

La amargura, el resentimiento, la envidia que nos infectan provienen de la frustración de la omnipotencia imposible.

"Agota el campo de lo posible", le decía Píndaro a su alma.

Agotar. Hasta el fin. Sin renuncias. Pero renunciando, sin embargo: a lo fútil, a lo absoluto, a la perpetuidad anhelada por Burton caído en la melancolía.

Aprender a discernir lo que quiero, lo que no quiero, lo que me gusta, lo que me disgusta, lo que puedo, lo que no puedo.

Hay aquí un juego dialéctico de libertad que se confirma a sí misma en el reconocimiento de sus fronteras.

No renunciar a nada —dice la tesis.

Renuncia a lo que no puedes —considera la antítesis.

Agota lo posible —sugiere la síntesis.

[51] Robert Burton, *Anatomía de la melancolía,* trad. A. Portnoy, Ed. Espasa Calpe, Bs. As., 1947, pág. 34.

Es muy poco realmente lo que hay que aprender, para aprender a vivir, único aprendizaje relevante. Sólo que ese "poco" es un cambio total de dirección en la canalización de los valores.

Iván Illich opina al respecto:

"Los hombres no tienen necesidad de más enseñanza. Sólo necesitan aprender ciertas cosas. Hay que enseñarles a renunciar, cosa que no se aprende en la escuela, aprender a vivir dentro de ciertos límites, como exige, por ejemplo, la necesidad de responder a la situación de la natalidad. La supervivencia humana depende de la capacidad de los hombres para aprender muy pronto y por sí mismos *lo que no pueden hacer.*"[52]

Es cierto que el arte de vivir no se aprende en la escuela. Pero tampoco en la televisión ni en el cine ni en la casa.

La madre enseñará al hijo —decía idílicamente Gombrowicz.

Ni las madres ni los padres enseñan nada. Repiten el mensaje que en ese momento manejan los medios de comunicación masiva. La masificación es abrumadora. Sin disimulo. Sin pudor. El *trust* de la noticia, o de la idea, o de la publicidad, opera sin siquiera movilizar su propio cerebro. Tan fácilmente se impone, que ni se molesta en pensar un milímetro más allá de sus necesidades. Todas las revistas, todos los diarios, tratan de lo mismo, dicen lo mismo, convencen de lo mismo. Los noticiarios de televisión —fácil es verificarlo—, a la misma hora ofrecen exactamente las mismas imágenes, las mismas novedades, los mismos comentarios, el mismo embutido.

¡A eso se le llama libertad de prensa, libertad de expresión!

Eso ofende al vocablo "libertad", y a los últimos rescoldos de dignidad que podrían proporcionar alguna tibieza al ser-humano.

El Hombre no existe, repito.

Es lo que se hace ser. O se le hace ser.

Idénticamente la libertad no es un artículo adquirido para blasonar las paredes de la existencia en torno a la Casa Rosada, al Congreso, y a la Plaza de Mayo.

La escuela, en efecto, ha muerto. Como el Dios de Nietzsche.

---

[52] Iván Illich, *La convivencialidad,* trad. M. Gossmans, Ed. Seix Barral, Barcelona, 1974, pág. 92.

Como todo el sistema de autoridades de erección piramidal-faraónica.

Nada de eso va más en la ruleta de la historia contemporánea.

A Dios se lo busca ahora fuera de los templos y lejos de las teologías.

La autoridad debe rendir examen día a día.

La escuela que venía enseñando ciencias, artes, materias, zozobra. Seguirá claro está enseñando materias, asignaturas, habilidades, cosas, cosas, cosas, con nuevas técnicas y en jeans cada vez más desteñidos. Pero mientras eso haga deberá enseñar a vivir, a discutir, a aprender la libertad que, en principio, tal cual el mundo contemporáneo gira, es la lucha contra las cadenas de la imbecilidad que los "medios" masificados nos imponen.

Libertad como lo opuesto a la rutina.

Libertad como lo contrario del automatismo.

Libertad como creatividad.

Libertad para aprender a ser UNO MISMO *versus* el Anónimo Poder que aspira a que seamos TODOS-LO-MISMO.

¿Cómo se aprende?

Analizando los discursos de los retóricos de turno con la coherencia de la realidad exterior de los hechos. Poniendo en duda. Preguntando. Cuestionando todo lo tenido por bueno y santo, y todo lo consagrado como malo y nocivo.

Denunciando constantemente la imbecilidad, el descerebramiento de los que pronuncian frases hechas y fórmulas embalsamadas.

El genio de J. D. Salinger nos provee de un programa ejemplar:

"—¿Qué harías si pudieras modificar el sistema de enseñanza? —preguntó ambiguamente (...)

"—Bueno... no estoy muy seguro de lo que haría —dijo Teddy—. Lo que sé es que no empezaría con las cosas con que por lo general empiezan las escuelas... Creo que primero reuniría a todos los niños y les enseñaría a meditar. Trataría de enseñarles a descubrir quiénes son, y no simplemente cómo se llaman y todas esas cosas... Pero antes, todavía, creo que les haría olvidar todo lo que les han dicho sus padres y todos los demás.

"Quiero decir, aunque los padres les hubieran dicho que un elefante es grande, yo les sacaría eso de la cabeza. Un elefante es grande sólo cuando está al lado de otra cosa, un perro, o una señora, por ejemplo.

"(...) Ni siquiera les diría que un elefante tiene trompa. Cuanto más, les mostraría un elefante, si tuviera uno mano, pero los dejaría ir hacia el elefante sabiendo de él tanto como el elefante de ellos. Lo mismo haría con la hierba y todas las demás cosas. Ni siquiera les diría que la hierba es verde. Los colores son sólo nombres. Porque si usted les dice que la hierba es verde, van a empezar a esperar que la hierba tenga algún aspecto determinado, el que usted dice, en vez de algún otro que puede ser igualmente bueno y quizá mejor. No sé.

"Yo les haría vomitar hasta el último pedacito de manzana que sus padres y todos los otros le han hecho morder."[53]

La escuela —la educación, donde fuere— tiene por misión poner en duda que el elefante sea grande, que la hierba sea verde, que el hombre sea racional, que la bandera sea "idolatrada"...

La escuela ha muerto.

Viva la escuela.

---

[53] J. D. Salinger, *Nueve cuentos,* trad. M. Berri, Ed. Bruguera, Barcelona, 1977, pág. 51.

CAPÍTULO IV

EDUCACIÓN PARA UN MUNDO ABIERTO

LA LIBERTAD ES UN RESIDUO

El *homo neuroticus* es el hombre de nuestro tiempo, la especie
más vigente. De la neurosis hay múltiples definiciones.
Tomaremos dos de ellas:

1. "Neurótico es todo hombre que usa su potencial para
   manipular a los demás en vez de crecer él mismo."[54]
2. La neurosis es "la excesiva dependencia de la aproba-
   ción o del cariño del prójimo".[55]

Siempre se trata de la relación. El uno con el otro. El uno
dependiente del otro. Manipulándolo. Pidiéndole cariño o apro-
bación. Parecen definiciones con puntos de vista disímiles. Pero
en el fondo coinciden: el otro a mi servicio, *ergo sum*.

Es el ser fuera de sí.

*Alter*ado. Condicionado por la presencia del *alter,* el otro.

Soy sujeto del objeto. Su sujeto. Sujetado. Enmarañado en las
relaciones casuísticas del Yo-Ello no atino a dar conmigo mismo
sino a costa del otro. Nunca gano la carrera. Lo mejor que puedo
lograr es verificar que el otro pierde.

Comentaba Carlos Mastronardi la expresión tan argentina
sobre alguien que merece nuestro descrédito o menosprecio: "¿A
quién le ganó?", diciendo: "Sugiere una concepción de la existencia centrada en la voluntad de supremacía o identificada con la
incesante pericia victoriosa. Concepción en verdad estimulante

---

[54] James/Jongeward, *Nacidos para triunfar,* trad, E. N. Cardoso, Ed. Marymar,
Bs. As., 1975, pág. 7.

[55] Karen Horney, *La personalidad neurótica de nuestro tiempo,* trad. L. Rosental,
Ed. Paidós, Bs. As., 1980, pág. 34.

que hace de la vida una curiosa y atrayente carrera de obstáculos".[56]

¿A quién le ganó? El quién perdedor es el que determina el valor de la victoria.

¿Quién?

La presión social. El medio. El ambiente. Los otros.

Charlar es hablar de los otros. Una manera de cotejarse antilacanianamente en el espejo de lo ajeno para vislumbrar qué saldo positivo o negativo nos corresponde a nosotros.

Conocida es la fórmula que se aplica en Análisis Transaccional:

Estoy bien, estás bien.

Sería la fórmula del bien-estar.

Es la ideal, por tanto la inasequible.

En términos generales mi estar depende comparativamente del estar del otro. Si el otro está mal, ya podría yo vislumbrarme bien. Si está bien, ya me está yendo mal.

Minucias de la vida cotidiana. Pequeñas consideraciones que ni la filosofía ni la ciencia de lo humano se molestan en registrar, porque carecen totalmente de profundidad.

Esas minucias hacen o des-hacen nuestras jornadas, semanas, meses, años. El tema es así de sencillo: cómo ser hombre con otros hombres.

Con padres que uno no ha encargado, con hijos imprevisibles, con compañeros no programados, con otros individuos que manejan autos en la misma calle, William Faulkner imaginó la siguiente situación:

"Uno nace y ensaya un camino sin saber por qué, pero sigue forzándose; lo que sucede es que nacemos junto con muchísimas gentes, al mismo tiempo, todos entremezclados; es como si uno quisiera mover los brazos y las piernas por medio de hilos y esos hilos se enredasen con otros brazos y otras piernas, y todos los demás tratasen igualmente de moverse…"[57]

---

[56] En *El ensayo argentino, 1930-1970,* Centro Editor de América Latina, Bs. As., 1981, pág. 88.

[57] William Faulkner, *Absalón, Absalón,* trad. B. F. Nelson, Ed. Emecé, Bs. As., 1952, pág. 120.

Puesto que la descripción fáctica es correcta habría que corregir la imagen estereotipada acerca de nuestra *libertad*.

El hombre no es libre. En principio no lo es. No es independiente. *Depende.* Es *dependiente. Depende* de su nacimiento, del cuerpo que le haya tocado en suerte, del cerebro más o menos bendecido, de sus padres, de los otros que nacen con él conjuntamente y se mueven y quieren cosas que no pueden alcanzar porque otros también las quieren y no hay para todos, y depende de la sociedad, y de la educación que ésta le imparte desde el nacimiento, las buenas costumbres, las normas, las reglas. Un complejo de ajenidades hacen a mi yo.

No obstante, todo ufano me digo YO, como si fuera yo, como si dependiera de mí mismo.

Apelemos a otra visión de esta situación, la del novelista francés, André Gide:

"El bosque moldea al árbol. ¡Se le deja poco sitio a cada cual! ¡Cuántos brotes atrofiados! Cada cual lanza su ramaje por donde puede. La rama mística se debe, la mayoría de las veces, al apiñamiento. No se puede escapar más que hacia arriba."[58]

El místico, en esta versión, es un evasor. Huye. Se fuga de la presión de los otros y por eso elige a Dios. Hacia arriba. O hacia adentro. *In interiore homini.*

Escapar, esa es la palabra. ¿Y el que no quiere escapar? ¿El que no quiere renunciar a su condición humana? ¿No hay manera de eludir a los hilos-otros que me complican y me implican? ¿Cómo salvarse de la atrofia que el bosque con toda su asfixia reclama?

En este punto, exactamente, de la reflexión aflora el tema de la libertad. *La libertad es un residuo.*

Es el espacio que puede ser rescatado entre el movimiento de todos los hilos y el hilo que me corresponde.

Es el margen de crecimiento de un árbol dentro del marco opresivo del bosque.

La libertad es un residuo.
Que debo buscar. Que debo encontrar.

---

[58] André Gide, *Los monederos falsos,* trad. J. Gómez de la Serna, Ed. Seix Barral, Barcelona, 1969, pág. 279.

No, no nacemos libres. Nacemos sujetos de condiciones objetivas-inter-subjetivas.

Ocupados. Llenos de ideas, consideraciones, opiniones, motivaciones, elecciones predecibles. Es el *soft* con que se labran los días y las horas.

Libertad sería que yo pudiera revisar todos los brotes no brotados y rescatarlos hacia una nueva y auténtica germinación de mí-mismo; libertad sería vaciarme de todo ese relleno que me sostiene como títere conformista, con cualquier bando, y procurarme mi propio relleno, por mí mismo.

Dicho en estos términos la libertad es imposible.

Ya es tarde. Cuando empiezo a pensar por mí mismo, ya es tarde.

El elefante es definitivamente grande, la hierba definitivamente verde, las viejitas definitivamente piadosas, y las mujeres de nariz respingada definitivamente bellas.

Empezamos tarde. Hay que tomar conciencia de esta otra situación *de facto.*

La educación, en cuanto formación, liberación, aprendizaje del aprendizaje, es un proceso *en principio frustrado y frustrante,* porque llega tarde, cuando el ser ya está educado.

Es por eso que la educación, en cuanto arte-ciencia-pensamiento pedagógico, no puede ser sino superficial.

Es como meterse dentro de una obra de teatro en el final del segundo acto y pretender modificarla.

Aquí se trata de no engañarse y decirse claramente, boca a oído: es poco lo que se puede modificar.

Y si te esfuerzas será un poco más.

Y si continúas educándote podrás avanzar unos palmos más.

Ése es el campo de la libertad. Un residuo.

Puedo ingresar, claro está, y la mayoría lo hacemos, en el final del segundo acto, y llevarlo a cabo junto con el tercero y con el cuarto tal cual el libreto lo tenía pre-meditado.

En ese caso no hay residuo alguno. No hay libertad. No la quise. O no la divisé. O no supe quererla. O...

Pero puedo detener toda la maquinaria escénica, dejarla fenomenológicamente en suspenso, interrogar, criticar, pensar y *entonces* verificar qué yo-mismo de mi yo quiere y puede ser yo-mismo.

Des-ocupar-me.

Liberar *un* espacio vital-personal. El bosque es ineludible. Los hilos de la panfernalia dramática son inobjetables. Todo lo que puedo es:

1. Des-*ocupar*-me.
2. Pre-*ocupar*-me.
3. *Ocupar*-me.

Tres momentos sucesivos.

El primero alude al des-aprender. Es la conciencia crítica y reflexiva frente al medio: medio social, físico, espiritual, ideológico. Todo ese yo que es mi yo pero que ante el ojo reflexivo aparece como no-yo, El Bosque, Los Otros.

Es el primer momento de la liberación: no todo lo que soy es todo lo que quiero ser. Una resta algebraica entre lo uno y lo otro genera el espacio ganado para la libertad.

Ese espacio luego me interroga:

—¿Qué quieres hacer, *tú*? ¿Qué haces con tu libertad?

Es la preocupación. El *pre* de la *ocupación*. El pró-logo del nuevo *logos* que quiero instaurar yo-para-mí.

A continuación, vienen mis elecciones personales, aquello con lo que me-ocupo, eso que se involucra con mi libertad recién ganada o inventada.

Pero la garantía de esa libertad no radica en el contenido de mi elección sino en la postura existencial que yo asuma.

De ahí en adelante la Pre-Ocupación ha de seguirme como una sombra, si es que pretendo seguir siendo libre y conservar la capacidad de libertad.

Aclaro que no es la *Sorge* existencial de Heidegger, la cuita del ser-para-la-muerte, el tema aquí tratado.

El nuestro no es tema metafísico, aunque parte de un supuesto metafísico: la excelencia axiológica de la libertad.

La Pre-Ocupación es un ejercicio del ser pensante, del ser-en-aprendizaje (algo así, estilísticamente, como el auto-en-rodaje) y la que enfoca de tiempo en tiempo los fundamentos de la vida para averiguar sus pre-juicios.

Porque toda Ocupación se torna en rutina, en celda, en pre-juicio.

Por eso debo *defender a la libertad* —recordad a Gombrowicz— *de mis decisiones generadas por mi libertad*.

La melancolía del Tú —susurraba Buber— es que fatalmente se convierte en Ello.

La melancolía de la libertad —traducimos a nuestro modo— es que fatalmente cae en la prisión de sus elecciones, transformándolas en *necesidades*.

LA SOCIEDAD OPULENTA Y OPRESORA

Ni pensamos lo que pensamos ni son nuestras las necesidades nuestras. El bosque de la circunstancia aprieta y va troquelando el ser individual y al ser colectivo con pautas de necesidades necesarias que, miradas críticamente, se disuelven en sistemas de intereses que manipulan los hilos de los unos y los otros.

En consecuencia por encima del mensaje sincrónico de hilos nacidos conjuntamente, engranaje ese tan bien descrito en la página de Faulkner citada, se tiende el techo del meta-mensaje diacrónico, nada existencial, de los grupos de poder que imprimen *a todos los hilos* una sub-trama, la de las necesidades.

Terminan formando parte, estas necesidades, de mayúsculas como El Hombre, Los Niños, La Familia, en fin La Vida.

Parte del reino de los cielos del Dogma, Ídolos, Ideologías.

Lingüísticamente se expresan en la mínima fórmula de "Hay que..."

Hay que salir el sábado a la noche.

Hay que festejar el día del padre, los cumpleaños, los aniversarios.

Hay que tomarse vacaciones en la playa, en Brasil, en Europa, en EE.UU., en orden creciente de valores.

Hay que estimular a la mujer.

Hay que comprarle a la nena pantalones ajustados.

Hacemos lo que hacemos porque "hay que" hacerlo. Algo así como un deber kantiano de honorabilidad existencial. De ese modo, chapoteando en el mismo charco de la costa, el mismo día de verano, como mismísimos centenares de miles de compatriotas, uno se siente... uno mismo.

¿Siete o quince o veintitantos años de educación formal para ser uno mismo en la interminable fila de autos de la ruta 2?

¿O para llenar el Luna Park porque canta XZY?

¿Y qué canta XZY, y qué corean 30.000 jóvenes rebeldes, con

el mismo corte de pelo, los mismos jeans, las mismas zapatillas? El mismo estribillo.

¿Y de qué hablan esos estribillos? Del Hombre, del ser uno mismo, del amor, de la libertad, de la incomprensión, de la vida, de cómo crear modalidades propias de expresión...

Hablamos, es obvio, de la sociedad opulenta. Con todas sus gradaciones desde el aprendiz de burgués hasta el niño-bien de altas capas socio-económicas.

Es la sociedad que educa.

Es la que se educa.

Es la que protesta. Es la que puede protestar. Es la que encabeza las manifestaciones a favor de los proletarios, el ingreso irrestricto a la universidad, la abolición de aranceles.

Están los otros. Los que también son América, según incisiva definición de Bernardo Verbitzky. Pero no cuentan, salvo en las elecciones. Son la realidad, pero funcionan como sombra marginal de una *Gestalt* de la cual están naturalmente excluidos.

La educación no se hace para ellos. Aunque es gratuita para ellos. Pero ellos no disfrutan de esa educación gratuita. Disfrutan los hijos de jeans gastados y zapatillas de ciento cuarenta dólares.

A la sociedad opulenta dedicó Galbraith importantes reflexiones:

"La educación, por lo tanto, es una espada de doble filo para la sociedad opulenta. Es esencial, dadas las exigencias técnicas y científicas de la industria moderna. Pero al ampliar los gustos y al inducir asimismo unas actitudes más críticas e independientes, mina el poder de creación de necesidades que es indispensable para la economía moderna. Su efecto queda puesto más de relieve a medida que la educación permite a la gente darse cuenta de cómo son manipulados en beneficio del mecanismo que se suponía estaba a su servicio."[59]

Nuestras necesidades no son necesidades nuestras. Galbraith pone todo el acento en el aspecto de la industria y de la economía que se nutre de necesidades artificiosas. A tal efecto, esa misma sociedad armada para la producción del consumo in-necesario, es

[59] John Kenneth Galbraith, *La sociedad opulenta,* trad. C. Petit, Ed. Planeta, Barcelona, 1985, pág. 239.

la que sostiene un vasto sistema educativo para que la apoye en su supervivencia.

La medicina preserva la vida de las personas que han de consumir medicina, fármacos, pan y tortas, tuercas y heladeras, pero sobre todo las sofisticaciones de la industria de lo in-necesario, desde el nuevo modelo de calzado hasta el "disco compacto".

La escuela, en consecuencia, está al servicio de esa perseverancia.

Sea porque educa moralmente hacia la obediencia y el conformismo, o porque educa técnicamente a nuevas generaciones de ingenieros, analistas de sistemas, biólogos que colaboren en el mantenimiento del sistema.

Ahora bien, dice Galbraith, esa escuela tiene doble filo. Uno, el previsible, programable, manejado con cambios de apariencia humanística ora piagetiana, ora freudiana, ora chomskyana, y con poesía rebelde de Violeta Parra y Pablo Milanés, para que el conjunto suene mejor.

Lo imprevisible es que, sin querer, el alumno en su crecimiento intelectual llegue a pensar eso que no se desea que piense: que el sistema con todos sus valores podría ser... diferente; que no todas las necesidades son naturales.

El mismo órgano de subyugamiento, la educación, puede resultar siendo órgano de rebelión.

La libertad, dijimos, es un residuo. Lo que resta. Un sobrante.

También la educación lo es. Esa educación que procura el aprendizaje de la libertad es un subrogado imprevisto que no aparece nunca en los tests de evaluación pero sí, y es lo que más importa, en la vida real.

Rebelarse contra las falsas necesidades que la sociedad de consumo imprime es tarea de largo aliento.

La envidia por el auto ajeno —comenta Galbraith— es mucho más dolorosa que la necesidad de comer, si uno tuviera hambre.

Desde luego que el tema del mundo es el hambre. Lo trágico es que el hambre, necesidad natural, sea desplazado a segundo término frente a necesidades mucho más "perentorias", pasando por todas las clases sociales, siendo las inferiores las más indefensas: se deja de comer pero *hay que* tener televisor color.

EL TEMA DE LA IDENTIDAD

Roberto Ardrey, en su ensayo *Las tres caras de Jano* analiza los principios más profundos de nuestras necesidades:

"Sostengo que existen tres principios —tres caras de Jano— que motivan psicológicamente la conducta de todos los animales superiores, incluido el hombre. Siempre son las mismas necesidades: identidad, estimulación, seguridad."[60]

Después lo plantea en forma de pares opositores:

Identidad es lo opuesto de *anonimato*.
Estimulación es lo opuesto de *aburrimiento*.
Seguridad es lo opuesto de *angustia*.

Los fundamentos de estas tendencias son primitivos, anteriores al hombre, y radican en sus predecesores animales.

"La guerra humana, por ejemplo, ha sido la más exitosa de todas nuestras tradiciones culturales porque satisface las tres necesidades básicas".[61]

Y eso lo sabemos, primero porque somos cultos y leemos mucho acerca de las guerras ajenas; pero además cuando nos tocó vivir nuestra propia guerra de las Malvinas, según quedó registrado en los periódicos, audiciones, imágenes televisivas de

---

[60] Robert Ardrey, "Las tres caras de Jano", en *La crisis del Homo sapiens,* de autores varios, trad. Santiago González, Ed. Tiempo Nuevo, Caracas, 1970, pág. 49.
[61] *Ibidem,* pág. 52.

la época, la amplísima mayoría de los argentinos estaba excitada, fervorosa.

Por eso, con la experiencia vivida, ya podemos añadir esta otra parrafada del implacable Ardrey:

"En el rico catálogo de la hipocresía humana es difícil encontrar algo comparable con esa exquisitez que endulzaba la delicadeza: la creencia de que a la gente no le gusta la guerra."

Parece que sí le gusta.

En la guerra uno es "alguien". Es de. Pertenece. La identidad se identifica con la nación o grupo de lucha.

¿Y la seguridad? ¿Qué contradicción absurda es ésta de "seguridad-en-la-guerra"? Y sin embargo *es* seguridad. De pertenencia. De ideal. De importancia. De muerte, si acaece, valedera, heroica.

Sugería William James que el drama del hombre moderno consiste en que aún no ha encontrado un sustituto pacífico y moral de la guerra, algo que provoque todas esas "bondades" que la guerra trae consigo.

A tal efecto, existen, por ahora, las pequeñas guerras nuestras de todos los días, la de los partidos políticos, y las de los partidos de fútbol con fanáticos adherentes, y otras competencias, carreras, campeonatos mundiales donde cada equipo, o participante —como un boxeador— marca su presencia en el ring o en la cancha a través del Himno Nacional de su país. Obviamente es el país entero el que está ahí luchando, ganando, perdiendo.

La sociedad, volviendo a nuestro tema, se ocupa de satisfacer nuestras necesidades de identidad, estimulación y seguridad, creando todo un sistema fatal de necesidades, que permiten estar algo bien y algo mal, seguros pero no del todo, estimulados pero no del todo, identificados pero no del todo. Y ese "no del todo" es infinito y es el motor de incremento de las necesidades.

En este proceso de automatismo condicionado crecen, inevitablemente, los fantasmas del

— anonimato
— aburrimiento
— angustia.

Angustia es el término que lo resume todo.

"La angustia es... una libertad sujeta; ...no sujeta en la necesidad, sino en sí misma", enseñaba Sören Kierkegaard.[62]

Estar sujetado. Ser pero no ser. Es cierto que puedo prescindir de un nuevo modelo de auto, pero no puedo. Estar sujetado. Estar en la fila y no poder salirse de ella, aunque nadie me obliga.

En la lucha por "ser alguien" se logra de más en más, *ser nadie*.

David Riesman, en un clásico de la literatura contemporánea, *La muchedumbre solitaria,* analiza las alternativas históricas del hombre en su búsqueda de identidad, hasta llegar a la crisis actual.

Estudia Riesman diversos tipos de carácter y de sociedad. Es decir tipos humanos socialmente condicionados para ser lo que son. Cada tiempo o época tiene los suyos.

A) *Tipos dirigidos por la tradición:* A esta clase pertenecen las sociedades en estado de atraso civilizatorio-industrial: grandes sectores de África, India, Egipto, China, a título de ejemplo.

La tradición protege al individuo. El individuo es de. Pertenece. Está seguro. Ahora bien, esa seguridad tiene un precio: la libertad de crecimiento personal.

La tradición está moldeada en instituciones fijas.

Cada uno sabe para qué está, dónde está, y dónde debe estar.

El ser se engarza en situaciones paradigmáticas ya establecidas.

"En sociedades en las que la dirección tradicional es el modo predominante de asegurar la conformidad, la estabilidad relativa se mantiene en parte mediante el proceso no demasiado común, pero muy importante, de canalizar a los individuos desviados hacia roles institucionalizados."[63]

Nadie queda al margen. Hay un lugar preestablecido para cada uno.

A través de la historia este tipo manejado por la dirección de la tradición prevalece en la Edad Media.

Con el Renacimiento emerge la crisis, es decir la ruptura del poder de la tradición.

---

[62] Sören Kierkegaard, *El concepto de la angustia,* s/t, Ed. Espasa Calpe, Madrid, 1963, pág. 50.

[63] David Riesman, *La muchedumbre solitaria,* trad. Noemí Rosemblat, Ed. Paidós, Barcelona, 1981, pág. 25.

Comienza a vislumbrarse una nueva sociedad con un nuevo tipo humano.

B) *Tipos de dirección interior:* La sociedad, las clases, comienzan a moverse. La fuerza de la tradición va perdiendo coherencia, también se resquebraja... Es tiempo de rebeldía, de herejía, de vuelcos copernicanos. La dirección se internaliza. "Pienso por lo tanto existo." La revolución cartesiana recoge el énfasis de la primera persona: *Cogito,* yo, *Sum,* yo. La fuerza viene de adentro, del interior.

La sociedad ha perdido la rigidez de las estructuras.

Se produce ahora un desplazamiento de rigidez hacia el individuo.

"La persona de dirección interna se vuelve capaz de mantener un delicado equilibrio entre las exigencias de su meta en la vida y los embates del ambiente externo."[64]

Delicado equilibrio, el descrito.

El proceso de crisis y rupturas ya ha sido desencadenado. Sigue su marcha. Lentamente arriba el hombre de nuestros tiempos:

C) *Los tipos dirigidos por los otros:* El individuo renacentista hacía equilibrio entre la tradición y la innovación, la presión externa y la fortaleza de carácter.

Las estructuras ya resquebrajadas indefectiblemente continúan la pendiente de la desintegración.

El sí mismo y el yo mismo y el mí mismo están en trance de caída. Para equilibrar hay que tener qué equilibrar, fuerzas contrastantes, pero nítidas, firmes.

Esa nitidez, esa firmeza, en los valores, en las necesidades, se va desvaneciendo, y junto con ellos la dirección interior.

Hay que apoyarse en otros. La democracia es el reino de los cielos.

"Sus contemporáneos constituyen la fuente de dirección para el individuo... Tal fuente es, desde luego, internalizada, en el sentido de que la dependencia con respecto a ella para una orientación en la vida se implanta temprano."[65]

---

[64] *Ibídem,* pág. 31.
[65] *Ibídem,* pág. 37.

"Se implanta temprano", es decir *se imprime.*

Repito con veneración el brillante ejemplo que trae Riesman sobre este tipo humano, es decir nosotros. Está tomado de *Ana Karenina,* y lo representa así:

"Stepan Arkadyevitch no había elegido sus opiniones políticas o sus criterios. Esas opiniones políticas o criterios le habían llegado por sí solos, tal como él no elegía la forma de sus sombreros o sus sobretodos, sino que simplemente llevaba los que se usaban (…)

Tener opinión era tan indispensable como poseer un sombrero (…)

Y así el liberalismo se había convertido en un hábito de Stepan Arkadyevitch y le agradaba su periódico, tal como le gustaba su cigarro después de cenar, por la leve niebla que difundía en su mente."

Lo tragicómico del personaje consiste en que ese Stepan *cree* que piensa, y si se lo interroga dirá que "elige", que "es libre", que sus ideas son suyas.

Somos remedos o reflejos o imitaciones de ese Stepan.

Dirigidos por los otros.

Dependencia de los otros. Sujetos sujetados. Objetos.

De ahí la constante ansiedad. Porque uno mismo está siempre fuera de sí, en agónica tensión hacia los otros que deben procurarnos sustento, guía de vida, apoyo espiritual, y aplausos. Esta situación fue definida por Karen Horney como "neurosis".

Riesman, en su libro, entra a observar el mundo de la educación.

Estamos en la escuela nueva, el maestro amigo, compañero, compinche. La superioridad del docente fue anulada. Aprender a pensar, es el lema. Se quitan notas, calificaciones, para no exacerbar la competencia.

Pero nadie se engaña. En las paredes hay dibujos de los niños. Los niños saben que unos *son* mejores que otros. Que unos están para llegar, y otros para quedarse atrás. En nombre de la aparente libertad ("que cada uno se exprese libremente") y en nombre de la aparente creatividad ("elige lo que más te guste", "hazlo como mejor te parezca") "la escuela sigue siendo un agente para la destrucción de la fantasía tal cual ocurría en la era anterior". (…)

César y Pompeya son reemplazados por visitas a tiendas y fábricas, por mapas de *Life* y por *The Weekly Reader,* y los cuentos de hadas son reemplazados por relatos sobre trenes, teléfonos y almacenes, y más tarde por material relativo a las relaciones raciales, a las Naciones Unidas, o a nuestros vecinos latinoamericanos".[66]

El resultado es aburrimiento, defraudación, resentimiento.

Riesman considera que la escuela recuerda al departamento de relaciones sociales en una fábrica moderna: se preocupa por el compañerismo, la cooperación, que la gente se sienta cómoda, satisfecha. La relación con el grupo es lo que cuenta.

Alguien comprobó que con música funcional las gallinas ponen más huevos.

[66] *Ibídem,* pág. 85.

EL PLURALISMO SEMÁNTICO DE LA REALIDAD

El mundo es pluri-valente. El mundo es multi-valente. Hay que recuperar la riqueza de esa trama que libera las diferencias. Están las mujeres de Rubens y están las mujeres de Modigliani. Estamos tú, yo, él. Distintos.

La rueda de bicicleta colocada sobre un soporte, y en el Museo de Bellas Artes, es, de pronto, una hermosa obra de arte firmada por Marcel Duchamp.

Hay que saber mirar, contemplar, percibir.

Pero eso no se sabe. Se aprende. Se practica.

Se nos enseña a simplificar y ordenar géneros, especies, variaciones, bajo una común etiqueta. Así opera la razón sistematizadora. Es la economía de la mente. Una vez conocidas algunas flores, se abre el legajo de la "flor" y en él caerán automáticamente todos los seres-flores que aparezcan en el camino.

En la Deutero-educación, que dice Bateson, hay que alejarse de la prisión del concepto-legajo-etiqueta y restaurar la identidad de cada flor en su ser absoluto y único.

De este modo se tienen dos visiones sucesivas del mundo:

1) Abarcadora, clasificadora, científica.
2) Individualizadora, vivencial, estética.

Crecemos dirigidos por los otros. A esa dirección le interesa sobremanera que la realidad esté organizada y uniformada. Eso favorece a la tecnocracia.

Somos parte del mercado. Si alguien por propia cuenta comenzara a apreciar a las margaritas como bellezas supremas, y junto a él otro aprendiera a disfrutar de la plenitud del amaranto, y un tercero proclamara a todos los vientos que el éxtasis va adjunto al gladiolo, el mercado de valores —valores económicos, valores de etiqueta establecida, valores de sociedad esta-

111

ble— que tiene escalonadas a las flores en categorías superiores, medianas, inferiores se estremecería de angustia y la orquídea lloraría de pena eterna.

Educar es rescatar, discernir, apreciar.

Apreciar es alejarse del *precio* promulgado en el mercado de la sociedad.

Somos presas-del-Yo-Ello, somos engranaje del mercado. El *imprinting* que traemos desde el nacimiento así nos condiciona, y elucubrar rebeliones vanas y evasiones definitivas es retórica inútil.

Pero alejarse. Por unos instantes. De vez en cuando. Tomar distancia.

Nuestra capacidad específica, enseñaba mi mastro Francisco Romero,[67] es la de objetivar. Podemos, y eso es lo que nos hace humanos, desgajarnos de nuestro medio, colocarnos frente a él y tomarlo como *objectum,* algo que está fuera de mí, sin mí, y no-para-mí. Está. Es. Puedo, en consecuencia, apreciarlo, en lo que es-en-sí. Esta es la intencionalidad objetivamente que opera la conciencia humana cuando asume una actitud cognoscitiva.

A tal efecto es menester tomar distancia: dejarlo fuera al objeto, y dejarme fuera en calidad de sujeto.

Mi mundo, estrictamente hablando, no está formado por objetos-objetivos.

Si bien, al decir de Gertrud Stein, "una rosa es una rosa es una rosa es una rosa", sin embargo una rosa no es "eso" que está ahí con esos colores, esa textura, ese aroma, sino la imagen-concepto-idea-palabra que la CULTURA califica como rosa.

Mi mundo es el mundo de la CULTURA.

Cultura es la rueda de bicicleta; cultura es lo que Duchamp hace con esa rueda; cultura es lo que yo digo acerca de la obra de Duchamp.

Ya nadie sueña con un contacto virginal con la realidad.

En todo caso será un contacto virginal con la cultura, en cierto ítem revelador.

[67] "El hombre se define como ente intencional, como el ser que es un sujeto y que tiene un mundo objetivado; esta situación básica, como ya se indicó, determina y condiciona lo que en su afectividad y en sus comportamientos aparece como específicamente humano, de manera que tanto el sector emocional como el volitivo... no tienen en sí su principio diferencial, sino que lo reciben de la estructura sujeto-objeto, que es lo originario..." (Francisco Romero, *Teoría del hombre,* Ed. Losada, Bs. As., 1952, págs 99-100.)

El Renacimiento no produjo una nueva visión de la realidad, si por tal se entiende una relación pura entre ojo-realidad-pincel. Se produjo *un nuevo aprendizaje* cultural de cómo ver la realidad, y a partir de ahí se consolidó una nueva tradición pictórica.

Todas las obras del renacimiento *encajan* en la nueva concepción. No imitan a la naturaleza. Como las de la Edad Media, como las de las cuevas de Altamira, se imitan a sí mismas: representan las pautas culturales vigentes y son siempre representación de una representación, de una escuela, de una enseñanza. Dentro de esos límites es que aparece la genialidad.

No vemos más que nuestras propias proyecciones.

Cuando esas proyecciones merecen el consentimiento de la mayoría se llaman "objetivas" y "verdades".

En las *Crónicas marcianas* de Ray Bradbury un terrícola se encuentra después de largas expectativas con un marciano. Le quiere dar la mano, tocarlo. El ser que tiene ante sí es in-corpóreo, al parecer. Su frustración es enorme. "Eres un fantasma", le dice todo decepcionado, acongojado. "No, el fantasma eres tú" —opina el marciano.

En el código del hombre de la Tierra no tener cuerpo es ser-fantasma.

En el código del marciano tener cuerpo es ser-fantasma.

¿Quién tendrá la razón?

La lección es clara: hay que aprender a dejar de *tener* la razón.

En la purísima ciencia rige hoy "el principio de indeterminación" de Heisenberg: en el universo de neutrones, protones y allegados la observación científica es de objetividad relativa porque el propio observador *incide* en el movimiento de esas partículas por el mero observar. De modo que, aunque fuera parcialmente, está observando a... sí mismo.

Fue Immanuel Kant quien planteó el grave tema de la cosa-en-sí: Si nuestra percepción de la cosa está conformada, sucintamente hablando, de sanciones y elaboraciones categoriales de la mente perceptiva, obtenemos el *fainomenon* de la cosa, es decir su apariencia-reflejada-dentro-de-nosotros.

¿Y el *nóumenon*? ¿La cosa-en-sí? ¿Cómo llegar a ella, si al llegar *ya* la estoy transformando en idea-de-la-cosa-en mí?

Hoy nos resignamos a abandonar toda metafísica de la cosa en sí, ni debemos caer en desesperaciones porque la cosa no es la cosa sino lo que yo percibo de la cosa.

Deben quedar claras las reglas del juego: conocemos lo que

podemos conocer con nuestros medios: el filtro de nuestra cultura.

Uno puede pasar por el campo junto a un arbusto reseco que está ardiendo y procurar urgentemente que un buen chorro de agua lo apague, para que no provoque ulteriores incendios.

Otro, en otro tiempo, en otra cultura, con otro código de lectura y percepción, pasa junto a ese mismo arbusto en llamas, se detiene, se admira, lo considera un evento excepcional, y entiende que algo "divino" está sucediendo ahí, en ese momento.

Nuestro mundo es cultura.

Cuando discutimos, discutimos realidades de... cultura. Lo que está en juego es la coherencia de la postura de cada uno en representación del código que maneja.

En consecuencia quien ve en un arbusto ardiente un signo de divinidad, y quien ve en él un motivo de belleza en la tarde que cae, y quien lo considera un signo de inminente incendio mayor y se apresta a apagarlo, no pueden sentarse a discutir el tema de sus discrepancias respecto del mismo objeto, ya que el objeto no es el mismo desde el momento que se engarza en referencias totalmente diferentes, de discordantes discursos.

El tema del arte es el más educativo en este punto. Permite aprender que el artista crea "con motivo de algo exterior" pero con modelos interiores que le son propuestos o impuestos, lo mismo da, por un lenguaje en él incorporado. Como dice Gombrich: "El artista, no menos que el escritor, necesita un vocabulario antes de poder aventurarse a una 'copia' de la realidad".[68]

El mundo es plurivalente y multivalente porque es nuestro que somos movilidad histórica, movilidad discursiva, movilidad semántica.

Un hombre es un hombre, es un hombre, es un hombre...

[68] E. H. Gombrich, *Arte e ilusión,* trad. G. F. Reus, Ed. Gustavo Gil, Barcelona, 1970, pág. 88.

El "caosmos"

En un mundo donde la evolución personal está bajo la dirección de los otros, en términos de Riesman, la angustia de la soledad puede hacer su gran cosecha ya que el ser dependiente de otros, al quedar libre de esa dependencia, cae en el pozo del abandono y la frustración.

La dirección de la tradición y la dirección interior ofrecían garantías de tutela, seguridad, protección.

Se era de Algo, un Algo por encima de los pasajeros individuos. Descartes duda de todo menos de la posibilidad de superar esa duda y encallar en el dulce puerto de la verdad.

Eran mundos —es decir sistemas de cultura, de creencias constituidas en mundo— más o menos cerrados.

Hoy, dice Buber, estamos a la intemperie.

La cultura-mundo que nos toca vivir es *abierta.*

No hay un algo sistemáticamente superior y fuera de toda duda que nos sostenga.

No depende de Algo. Pero depende de alguien. De los otros.

Eso provoca crisis varias de identidad.

Puedo poner en duda las determinaciones de la Cultura-de-los-otros. No hay Algo-Autoridad que les sirva de garantía o legitimación.

Ya sé que todo es cultura, todo es discurso, todo es síntoma y símbolo y por lo tanto interpretación hermenéutica, como explica Gianni Vattimo en *Las Aventuras de la diferencia.*

Ya no hay modo de ser hereje o apóstata.

No reniego de nada santo. Pero de las personas y de su autoridad puedo renegar.

Puedo aceptar lo que quiera y rechazar lo que quiera.

Hasta puedo ser religioso de religión propia.

"Si Dios no existe, todo está permitido", dice un famoso rebelde de la obra de Dostoievsky.

Con lo cual se significa, en nuestro tema, que ya no hay

115

dogma alguno que tenga características divinas, ni siquiera el dogma científico.

Están la ciencia, el mito, la estética, la religión, el delirio.

Son lenguajes. Ni se superponen ni se mezclan, ni se rechazan. Son perspectivas.

Aquí es donde se inserta el concepto de "obra abierta", de Umberto Eco. El gran semiólogo italiano encuentra la realización de esa idea en el arte contemporáneo y en principio en la epistemología actual.

Obra cerrada es la que tiene un significado definitivo, sellado.

La obra abierta, en cambio, admite infinitas interpretaciones. La lectura de la realidad inconclusa.

Así se logra, dice Eco, el "CAOSMOS", que es el CAOS más el COSMOS.

El des-orden que yo ordeno. Pero sólo pasajeramente. Porque no hay orden final, sino contingente.

El cosmos es creación perpetua, y no dato primario.

La obra sale de las manos de su creador y pide ser recreada por quien la enfrenta como espectador. Ahora es de él. De él depende su significado.

Está el cuadro de Picasso.

Y está *mi* cuadro de Picasso, en la organización que *mi mente* le presta. Hoy, ahora.

Mañana abriré otros ojos, será otra mirada, será otro cuadro.

La obra se libera de su creador y tampoco se deja apresar por su fruidor.

Azarosa se mueve en el tiempo siendo de todas y de nadie.

Significante y significado cortan amarras entre sí. Libertad.

Este es nuestro tiempo, la verdad de nuestra carencia de verdad, y la versión expresiva que halla en artes, ciencias, tendencias.

"Un arte que dé al espectador la persuasión de un universo en el cual él no es súcubo, sino responsable —porque ningún orden adquirido puede garantizarle la solución definitiva, sino que él debe proceder con soluciones hipotéticas y revisables, en una continua negación de lo ya adquirido y en una institución de nuevas proposiciones— tiene un valor positivo que supera el campo de la experiencia estética pura."[69]

[69] Umberto Eco, *Obra abierta,* trad. R. Berdagué, Ed. Ariel, Barcelona, 1979, pág. 60.

116

Quisiera poner de relieve cada frase de Eco.

Se habla del arte, es cierto, pero el arte alude a un universo, es representación de un universo. Se vuelve mundo. Y ese mundo manifestado en ese arte es abierto.

Al ser abierto, el protagonista, el sujeto del mundo, el hombre no puede sentarse pasivamente a sorber la savia de la realidad que se le da. Nada se le da. "No es súcubo, sino responsable." Ser responsable es, como el término lo dice, producir respuestas.

A uno se le pregunta qué es el mundo, y uno *debe* responder. ¿Por qué?

Porque no hay respuestas prefabricadas como Santuarios Inapelables.

Alguna vez las hubo. Hoy no las hay. En consecuencia uno es responsable, y no le cabe más alternativa que responder. Será una respuesta personal. Es cierto que en la dirección de los otros las respuestas personales suelen ser alienadas. No importa. *Es* responsable.

En un mundo abierto uno es RESPONSABLE. Si repite respuestas ajenas, sigue siendo responsable, porque ninguna coerción implacable lo rige.

Un mundo abierto abre el abanico de la libertad.

La consecuencia de la libertad es la responsabilidad.

"Porque ningún orden adquirido puede garantizarle la solución definitiva."

Orden hay, pero garantido no.

Soluciones hay, pero definitivas no.

Autoridades hay, pero absolutas no.

En consecuencia todo lo adquirido no puede ser menos que provisorio.

Un mundo abierto no admite que nada se cierre, en un significado final...

Todas las soluciones son hipotéticas.

Hipotético es lo contrario de categórico, en el mundo que nos precede, el kantiano.

Porque aunque estemos hablando, con Eco, de estética, ciencia, pedagogía *estamos hablando de moral*.

¿Qué hacer? ¿Cómo deslindar entre el bien y el mal?

Nadie lo puede decir. Cada cual puede anunciar su postura personal frente al tema. Ocurre que no caben más que posturas personales. El imperativo categórico tan bien formulado por

Kant no rige, porque la muerte de Dios anunciada por Nietzsche significa la muerte de cualquier imperativo categórico en cualquier orden.

Nada es categórico. Todo es, si es, hipotético.

Hipotético implica que es pero podría no ser. Que es hoy, pero tal vez mañana no sea.

En el eje hipotético una verdad está a la espera de la verdad que ha de sucederla y suplantarla.

Una buena hipótesis conduce a otra buena hipótesis.

A. N. Whitehead dividía la realidad en tres sectores:

— cosas que permanecen
— cosas que ocurren
— cosas que recurren

"Si no se parte de una claridad metafísica que discrimine entre permanencia, ocurrencia y recurrencia, las discusiones se hacen sofísticas y no se prueba nada", dice el autor de *Aventuras de las ideas*.[70]

Y tiene razón: cuando discutimos un tema hay que saber de qué hablamos, en qué nivel semántico y tipológico sucede la referencia.

Ahora bien, en la clasificación de Whitehead hay un orden que hoy, en la cultura-mundo actual, ya no existe: el de las cosas que permanecen.

Panta rei. Todo fluye. Absolutamente todo.

Todo es significante. Todo significado es precario, contingente, hipotético.

Un mundo abierto requiere ser reconstruido todas las mañanas.

O se practica la gran fuga gregaria en la dirección de los otros hacia la rutina. Vamos a ponerla con la mayúscula que al ídolo le corresponde: La Rutina, en la que cada uno *ya* tine adquiridas soluciones definitivas, *ya* sabe qué y cómo disfrutar el próximo domingo, *ya* sabe por quién votará en las próximas elecciones, y cómo reaccionará si el chico trae malas notas, y qué traje usar para qué ocasión.

El arte de la fuga no es la exclusiva delicia de la obra de Juan Sebastian; es la triste práctica del vivir.

---

[70] A. N. Whitehead, *Aventuras de las ideas,* trad. C. Botet, Ed. Janés, Barcelona, 1947, pág. 57.

¿Por qué? Por el miedo a la libertad de que hablaba Fromm.

En la espiral de estas divagaciones hay que retornar al punto inicial: el miedo se aprende, y la fuga se aprende. Se ha comprobado que los niños, en principio, no le temen a la oscuridad. Luego aprenden a temerle. Somos lo aprendido.

Se nos sigue educando en permanencias, con sustantivos.[71]

Ahora es cuestión de aprender a educar con verbos, con ocurrencias y recurrencias, solamente.

Usando la terminología de la gramática diría que no hay objetos; sólo hay modificadores.

Aprender la libertad es un lema que no apela a principios de ideas declamadas en la plaza pública o en el banquete del barrio; apela al quehacer.

La libertad es un interrogante. Su mundo es abierto. Donde se alzan murallones inexpugnables de normas-hábitos-ideas la libertad interroga con trompetas de Jericó.

Y luego tendrá que reconstruir. Ese u otro muro.

Lo cual significa una existencia aventurera, totalmente hipotética, absolutamente diaria, de hoy, aquí, y ahora.

Hic et nunc. Aquí y ahora. Aquí y nunca. Nunca será siempre. Nunca sabremos qué significado conlleva esta existencia, salvo la necesidad de producir significados.

Umberto Eco comenta:

"La trama de *Hamlet* puede narrarla incluso un escolar y dejará a todo el mundo de acuerdo; la acción de Hamlet ha hecho verter y hará verter ríos de tinta porque es *una,* pero no *unívoca.*"

El mundo es plurivalente. Multívoco.
No nacimos. Nos hicimos. Podríamos cambiar.

---

[71] Siempre se supo que todo cambia. Y luego se infirió que lo único bueno es lo que no cambia, la esencia, el sustantivo, palabra esta que deriva de "sustancia", aquello que eternamente subsiste. El posmodernismo subvierte esa escala de valores. Hay *solamente* cambio. Al respecto comenta M. Sadosky: "A mí me parece que la escuela no da generalmente esa idea de cambio. Al contrario, tiende a dar una idea de fijeza e inmovilidad [...] Lo importante es lo fijo, la noción de que las cosas están fijas. Se enseña como si no existiera el cambio. Así como ignoramos a Ameghino, ignoramos la evolución. Esto es realmente tremendo". (M. Sadosky, "Ciencia y educación", en *Democracia e igualdad de oportunidades educativas,* Cuadernos del Congreso Pedagógico, EUDEBA, Bs. As., 1987, pág. 64.)

Un día le preguntó Napoleón a Laplace por la función de Dios en su concepción del mundo:

—Señor —respondió Laplace— yo no tengo necesidad de esa hipótesis.

Alexandre Koyré comenta esta anécdota:

"El Universo infinito de la nueva cosmología, infinito en duración así como en extensión... se mueve sin fin y sin objeto en el espacio eterno, heredó todos los atributos ontológicos de la divinidad. Pero sólo esos; todo los demás se los llevó consigo la divinidad con su marcha".[72]

Ahora es definitivamente tiempo del hombre. De él depende el significado, el fin y el objeto del mundo. Será fruto de su libertad, y preludio de su responsabilidad.

El que ya no existe es el Dios de la cosmología, y la Autoridad que ha impreso significados. Pero podría existir el Tú de Buber, el refugio del místico, el regazo del poeta. "Lo demás se los llevó consigo la divinidad, con su marcha", y eso debe ser recreado por el hombre.

Cuenta Martin Buber en sus notas autobiográficas que cuando era niño estudiaba en la escuela la antigua leyenda acerca del Mesías que está sentado en las afueras de una ciudad, y espera.

—¿A quién espera? —preguntó el niño Martin Buber.

—A ti te espera —le respondió el maestro.

[72] Alexandre Koyré, *Del mundo cerrado al universo infinito,* trad. Carlos Solís Santos, Ed. Siglo XXI, Madrid, 1979, pág. 256.

LA AVENTURA Y EL ORDEN

No somos libres. Tenemos que aprender a ser libres, a vivir en la apertura. Que es aventura.

Verlaine lo predijo: no queremos más el color; es lo fijo, lo determinado, lo cerrado. Queremos la *nuance,* el matiz, la leve sombra de la diferencia, nueva cada día:

"Car nous voulons la nuance encore
pas la couleur, rien que la nuance."

Así reza en su *Art Poétique,* que ahora debe invertirse en el arte de vivir, es decir de aprender.

Fue Apollinaire, continuando la línea iniciada, quien contrapuso los dos horizontes, el Orden y la Aventura, lo cerrado y lo abierto, lo inerte y lo viviente, la institución y la creación, el saber y el aprendizaje:

"Soyez indulgents quand vous nous comparez
À ceux qui furent la perfection de l'ordre
Nous qui quêtons partout l'aventure."

El Orden nos mueve.

La Aventura nos libera.

No nos libera del Orden. El Orden es ineludible, inapelable, inexpugnable.

El Orden es la Cultura. Es el medio ambiente. Es la organización que merece las mayores críticas, pero ayuda a vivir: los semáforos que funcionen, las calles que estén limpias, los policías que vigilen, los bomberos que estén listos; las calles pavimentadas y el gas, y el teléfono y...

No se puede prescindir del Orden.

Pedir que el Orden sea Aventura es pedirles a los grifos que a veces den agua y otras no. Queremos que los grifos siempre den agua El Orden es de siempre. Es su ley.

Claro que podemos aspirar a modificar al Orden. Será trocar un Orden por otro Orden. Otro más conveniente, más a nuestro favor, más eficiente. Pero Orden. Imperativo. Categórico. Disciplinario.

Otrora se esperaba que la educación cambiara el Orden. Era una utopía de literatos de café. El Orden es cosa de políticos. Y los políticos son amigos de la propaganda, de la indoctrinación. Son anti-educación.

La mayor de todas las utopías elucubradas hasta el día de hoy, *La República* de Platón, se atrevió a imaginar a los gobernantes como filósofos, esto es como maestros-educadores. Por suerte la amplia mayoría de los políticos no lee a Platón. Se desternillarían de la risa.

El Orden, por tanto, se aleja de la Aventura, y se coloca en otro plano. Es acción, y sólo la acción puede modificarlo, no la educación. Como decía Marx, ya no es tiempo de estudiar la realidad; hay que cambiarla.

La Aventura es tu libertad. Yo-Tú. Es aquel flanco del ser donde nombre, apellido, currículum, carrera, etiquetas, principios engavetados, frases hechas, todo eso que es yo pero que yo no soy, queda mágicamente suspendido, y me abro creativamente hacia lo abierto.

Es el residuo de la libertad que el Orden, por suerte, no puede prever ni manejar.

Ahí se aprende. Lo nuevo en calidad de nuevo. Nada es *déjà vu*. Los esquemas de la mente del orden que reducen la individualidad inédita a marcos previos de estructura controlada, dejan de funcionar. Esta rosa es esta rosa es esta rosa. Este hombre es este hombre es este hombre... Este momento.

Hic et nunc. Aquí y ahora. Es decir, nunca. La multivocidad. El significado que es para dejar de ser porque otro significado espera. Yo pienso *ergo* tú piensas.

No es indispensable que mi significado contradiga al tuyo. Son dos significados entre infinitos. El principio de no contradicción vale en el mundo cerrado. En el abierto, que es el espacio de Einstein, hecho tiempo, curvo y sensual, las paralelas se tocan y se aman y siguen siendo paralelas, cada uno ella misma, yo mismo, tú mismo, sin renunciar a nada.

Según Norman O. Brown la multivocidad está ínsita naturalmente en una concepción de un mundo hecho de símbolos.

"El retorno al simbolismo, el redescubrimiento de que todo es simbólico... un pene en cada objeto convexo y una vagina en cada objeto cóncavo es el psicoanálisis.
(...) Se levanta un cuerpo espiritual o simbólico: el despertar a la vida simbólica del cuerpo."[73]

En efecto, el psicoanálisis, espejo de nuestro tiempo y sus tendencias, hace del significado su mayor baluarte. Todo significa. Todo simboliza. Las palabras, los silencios, el movimiento de los pies al caminar. Nada es in-significante.

Pero el significado no admite saber. Transcurre. Ocurre. Recurre. No permanece. No está. Fluye como soplo. Su ser consiste en no ser.

—¡Ojalá nunca sepas quién eres! —se le sugirió a Edipo.

El saber es del orden de la esquematización petrificada. El ser es del orden del significado viviente, pasajero, viento, ola, vislumbre. Orden del des-orden.

Galileo decía que la naturaleza es un libro escrito en signos matemáticos y hay que saber, consecuentemente, des-cifrarlo.

Más acá de lo que hayan avanzado las ciencias en la física y astronomía desde Galileo hasta nuestros días, el avance de lo humano consiste en su lento aprendizaje de que *todo* es signo y símbolo, cifra y alusión. Todo significa.

Lo humano es significación.

Por eso es este tiempo de psicoanálisis. Porque la ciencia inventada por Freud es hermenéutica: todo merece lectura, todo merece desciframiento, interpretación.

Ad infinitum.

Freud en persona escribió:

"Jamás podemos estar seguros de haber agotado la interpretación de un sueño."[74]

Bruno Bettelheim comenta:
"Lo que Freud quería indicar con el título *Die Traumdeutung* es que iba a intentar mostrar el carácter pluriestratificado de los

---

[73] Norman O. Brown, *El cuerpo del amor,* trad. E. Revol, Ed. Planeta, Barcelona, 1986, pág. 200.

[74] Sigmund Freud, *Obras completas,* trad. L. L. Ballesteros y de Torres, Ed. Biblioteca Nueva, Madrid, 1948, tomo I, pág. 399.

sueños, a elucidar su significación haciendo ver lo que había tras ella. No quería prometer que iba a 'aclarar y explicitar' ...el significado de los sueños porque eso sería imposible."[75]

Cuenta Bettelheim que la afición primera de Freud era la arqueología, y que lo que hizo luego fue aplicarla al análisis: ir develando las sucesivas capas de la mente.

El psicoanálisis se convierte así en ciencia de la fantasía inagotable generadora de mitos que nos devuelven al *Homo ludens* hecho de puertas, ventanas y espejos.

Ser. Todo puede ser. Todo puede significar.

Sandor Ferenczi, discípulo de Freud, compuso su obra capital *Thalassa, una teoría de la genitalidad* fusionando significados de la biología con otros de la evolución con otros del psicoanálisis: derivamos del mar, alguna vez fuimos peces, y el coito es una pretensión de restablecer el "estado fetal infantil de unión con la madre, y simultáneamente, con su prototipo geneológico: la existencia oceánica".[76]

¿Será verdad esta teoría?

Traje a colación el ejemplo thalássico para mostrar, justamente, que la pregunta que le sigue es absurda, no corresponde al contexto.

El universo de la "verdad" en temas estrictamente humanos fue rebasado por el universo de la significación: el di-verso.

El ser es multívoco. Significados se cruzan con significados. Teorías con sueños. Versiones con mitos.

La belleza de la flor y la lucha contra el hambre son significados, engendros de nuestra fantasía hermeneuta.

[75] Bruno Bettelheim, *Freud y el alma humana,* trad. A. Demonts, Ed. Crítica, Barcelona, 1983, pág. 99.

[76] Sandor Ferenczi, *Thalassa, una teoría de la genitalidad,* trad. M. Alizade, Ed. Letra Viva, Bs. As., 1983, pág. 126.

LA LÓGICA DEL TERCERO INCLUIDO

Decía Mao Tse Tung: "¿Qué es una pera? Sólo se puede saber qué es una pera transformándola, comiéndola".

La libertad no se sabe sino en la *praxis* de la transformación.

La libertad como espacio, como residuo de la presión que impone el Orden es rotundamente —como posibilidad— factible.

Ahora somos —podemos ser— libres: NINGÚN DOGMA TIENE RAZÓN DE SER.

Dogma, en griego, es "opinión"; interpretación. Legítimo en cuanto tal. Si pretende trascendencia de divinidad y absolutismo, pierde su razón de ser.

Deberíamos ser libres.

Nuestra caza de brujas, es *caza de dogmas.*

Dogma es un punto de vista que cierra al mundo y prohíbe la presencia de puntos de vista disidentes.

En el reino de la multivocidad no hay disidencia. Hay variedad. Hay lo uno y lo otro, al decir de Ortega.

Hamlet tiene tendencias homosexuales —dicen algunos.

Hamlet está condenado a la tragedia porque no ha resuelto su conflicto edípico —opinan otros.

Hamlet es Shakespeare —dice un sabio.

Hamlet representa a la filosofía nihilista —anota un experto.

Todas las opiniones valen. A condición de que no se moleste cada una por la existencia de su prójima. A condición de saberse contingente.

En un mundo abierto sólo cabe

CO-EXISTIR

Si co-existen los significados, sin posibilidad de prevalencia absoluta de unos sobre otros; si el psicoanálisis es ciencia aunque su discurso sea mitológico-metalógico; si la aventura es reconocida en sus derechos a existir junto al orden, dentro del orden, si todo es educación... hay que aprender a

CO-EXISTIR

Que no es un mero estar unos con otros, ni un bien-estar. Es mucho más: alude a una postura radical que se obliga a aceptar la diferencia-disidencia-divergencia en el marco del *Cogito* que corresponde a esta actualidad:

"Pienso
    por lo tanto
piensas".

Se excluye la lógica del tercero excluido. Todos los significados están incluidos.
Coexistencia = In-clusión.
Volviendo a Umberto Eco:

"Se nos pregunta, pues, si el arte contemporáneo al educar en la ruptura continua de modelos y esquemas —eligiendo como modelo y como esquema el deterioro de los modelos y esquemas y la necesidad de su alternancia no sólo de obra a obra, sino en el interior de una misma obra— no puede representar un instrumento pedagógico con función de liberación, en cuyo caso su discurso superaría el nivel del gusto y de las estructuras estéticas para insertarse en un contexto más amplio e indicar al hombre moderno una posibilidad de recuperación y de autonomía."[77]

Todo es materia de gusto. Todo es *pre*ferencia, y por tanto, *di*ferencia.
Lo humano es siempre paladar, propio o ajeno-impuesto. Punto de vista. Es decir educación-del-paladar, existencial.
En la obra teatral *Los siameses,* de Griselda Gambaro, se da la siguiente situación entre los personajes centrales (cito de memoria):
—¡Alcanzame el diario!
—¡Sos cómodo!
—¿Te creés que me gusta ser cómodo? Me educaron así, qué puedo hacer...

---

[77] Umberto Eco, *ob. cit.,* pág. 187.

Efectivamente, si a uno lo educan a comer caviar, y puede comer caviar, no comerá caviar por gusto sino... por educación.

El texto de Eco que transcribimos resume brevemente las alternativas pedagógicas de nuestro tiempo, con computadoras o sin ellas:

—Ruptura continua de modelos y esquemas.

—La necesidad de su alternancia, de los modelos y esquemas, de una a otra obra. El derecho a la diferencia.

—Alternativa dentro de una misma obra: hoy significa A, mañana B.

Consecuentemente los modelos y esquemas a romper y reconstruir en un espacio existencial infinito desbordan la estética de las obras de arte y generan una meta-estética, que es el arte de todas las sensibilidades, y de todas las posibilidades del hombre en calidad de sensualidad.

Significaría la alternancia de mí conmigo mismo, amén de la alternancia de paradigmas relacionantes.

"Posibilidad de recuperación y de autonomía", dice Eco.

"Instrumento pedagógico con función de liberación", dice Eco.

Y uno se pregunta, en efecto, si al lado de cualquier programa de educación, no debería crecer un verdadero programa de educación estética, en las calles y no solamente en museos, en los parques y no solamente en los libros, en cada momento y lugar, para lograr la profunda internalización de la conciencia gustativa en cuanto relativa y por ende restauradora de la liberación.

Spinoza creía que el *ordo et conexio idearum* era idéntico al orden y conexión de las cosas.

En ese tiempo se aspiraba al Orden total, el político, el ideico, el científico, el moral.

Hoy distinguimos: a) El Orden del Estado. b) La conexión entre las personas. c) No hay *rerum*. Sólo hay *idearum*. Las ideas son de las personas. d) Si las personas coinciden en ideas es mero accidente. Podrían no coincidir. e) La conexión interpersonal es completamente in-diferente a la diferencia o referencia en materia de ideas-gustos-opiniones-paladares. El aprendizaje de la libertad es el aprendizaje del co-existir; en términos más claros, el aprendizaje de *tu libertad,* de tu ser-otro.

Podemos comunicarnos.

No podemos absorbernos.

No renunciar a ninguna *nuance;* pero aprender a renunciar a los colores, a los sustantivos definitivos, a tener razón.

Renunciar al odio de lo diferente, divergente.

Érase que se era un rabino que atendía los pleitos de la gente de su comunidad. Un día fue visitado por Salomón:

—Tengo un pleito contra Moisés —le dijo.

El rabino escuchó todas las argumentaciones y dictaminó:

—Tienes razón.

Luego vino Moisés y pleiteó contra Salomón. Escuchó el rabino atentamente y se expidió.

—Tienes razón.

La mujer del rabino, naturalmente curiosa, escuchaba detrás de la puerta. Aparece y reclama:

—¿Cómo puede ser que el uno tiene razón y el otro también tiene razón?

El rabino se hundió en profundas cavilaciones. Luego alzó los ojos, miró a su mujer y le dijo:

—¿Sabes una cosa? Tú también tienes razón.

En la lógica de la vida, todo puede ser, inclusive la inclusión del tercero, hasta ahora excluido.

Las tendencias últimas del pensamiento contemporáneo convergen, desde múltiples puntos de partida, en la afirmación de la variedad, de la inclusión de todos los excluidos.

También el hombre debe incluirse a sí mismo dentro de un universo del cual se había excluido en una postura de soberbia endiosada, de sujeto *versus* objeto.

El sujeto es del objeto, del mundo, de la totalidad sistemática que lo involucra.

Gregory Bateson tomó la bíblica historia del Paraíso para leerla con ojos de actualidad.

¿Cómo y por qué salimos del Paraíso? ¿Cómo y por qué nos autoexcluimos de la realidad sufriendo luego la agonía del exilio, del estar fuera de sí porque nos excomulgamos de la co-existencia total?

En el mito original Adán y Eva dan nombres a las cosas. Organizan. Se civilizan. Se hacen trajes. Programan medios para lograr fines. "Había una vez un huerto. Contenía muchos millares de especies que vivían con gran fertilidad y equilibrio… En ese huerto había dos antropoides que eran más inteligentes que los otros animales. En uno de los árboles había un fruto, muy alto, que los dos simios no podían alcanzar. Entonces comenzaron a pensar."[78]

---

[78] Gregory Bateson, *Pasos hacia una ecología de la mente, ob. cit.*, pág. 77.

Pensaron. Apilaron cajones. Lograron el fruto. Eran felices, porque sabían cómo hacer las cosas. Comienza la tecnología. El Orden. El bien y el mal catalogados. La relación se deteriora dentro de la pareja. El hombre *por encima* de la naturaleza, excluido del sistema, se encierra en la vanidad de su superioridad. Y de su soledad. Y de su angustia. Y de algo que fue paraíso y ahora no lo es más.

"Habíamos descubierto cómo hacer trenes... sabíamos cómo poner un cajón encima de otro para llegar a la manzana... Pero esa arrogante filosofía científica está ahora obsoleta y en su lugar alboreó el descubrimiento de que el hombre es sólo una parte de sistemas más amplios."[79]

Marx nos devolvió la *infraestructura*.

Freud nos devolvió el *inconsciente*.

Bateson quiere devolvernos el *mundo*.

Todas son empresas reparadoras de mutilaciones. Ahora es tiempo de inclusión. En el jardín del Edén había multiplicidad de árboles. ¿Por qué empecinarse *con uno solo*? ¿Por qué descartar *los otros frutos*? ¿Quién nos impide *dis-frutar*?

Dis-frutar de la *di-versidad*. El *uni-verso* es *di-verso*.

---

[79] *Ibídem,* pág. 78.

CAPÍTULO V

EL HOMBRE CLARO Y DISTINTO

NUESTROS MITOS BÁSICOS

Retornemos al origen. El Origen es un mito.

La civilización, la cultura, la fuente de energía humanista de Occidente deriva del mito del Paraíso.

Es el vero *Ursprung* de nuestros sueños y de nuestros desvelos, de todos los tiempos-eje que se vienen sucediendo.

El mito, mientras estaba semánticamente apoyado por las religiones monoteístas, era consciente. Luego, cuando el positivismo, erigió sus nuevos cielos menospreciando a templos y credos, el mito del Paraíso se transfiguró en el mito del Progreso, el mito de la Humanidad, el mito de la Paz, que se lograría a través del mito de la Razón.

Los cimientos son mitológicos.

La concepción bíblica de la historia ha proveído *los mitos esenciales:*

— la creación
— la pareja
— la familia
— el ser es armonía
— el ser es Paraíso
— salimos del Paraíso porque quisimos
— podríamos volver al Paraíso si quisiéramos
— podríamos restaurar
> *la creación*
> *la pareja*
> *la familia*
> *el ser es armonía*
> *el ser es Paraíso*

Este es nuestro credo. El de todos. Lo comparten sabios e ignaros, Dalton y Robespierre, Marx y Pascal, Kierkegaard y

Hegel, Teilhard de Chardin y Bertrand Russell, Aníbal Ponce y el Padre Brown.

Es cierto, el sostén de toda esta mitología es Dios.

Lo irónico es que Dios se va, pero *sus* mitos, los mitos en Él sustentados, quedan.

El mundo en que vivimos es del *Génesis* bíblico.

Este mundo es sumamente científico y evolucionista; hace tiempo que ha desechado la fe en la creación divina. Pero quita el adjetivo, "divina", y conserva el sustantivo, "creación". Los hechos lo testimonian.

La ciencia está profundamente preocupada por saber cómo fue el comienzo. El "big bang" es el submito del mito de la creación.[80]

¿Cómo comenzó todo?

Ese interroante, como angustia, como ansiedad, como erotismo filosófico, *es* judío-cristiano-bíblico; NO ES HELÉNICO.

Nos preocupa. Cosmólogos y biólogos quieren responder a esta pregunta que consideran ineludible.

Preguntamos lo que se nos enseña a preguntar.

¿Por qué *debemos* saber cómo comenzó todo?

Si supiéramos el comienzo, sabríamos el fin. El *Ursprung* da lugar a un *Ziel,* una meta, en lenguaje de Karl Jaspers.

El significado del comienzo *es* el fin. La finalidad.

La teleología es teología.

El mito del comienzo se cuela en todas las capas de la conciencia. Atrapa a Freud, el ateo, y a su consecuente psicoanáli-

---

[80] El tema del "big bang" tiene, aparentemente, bases científicas; en sí es un relato, una conjetura, una metafísica. Como tal lo rechaza Bertrand Russell del campo de la razón. Los que mejor aprehenden el magicismo del "big bang" son los... niños. En nuestra experiencia educativa corroboramos cómo los niños no encuentran contradicción alguna entre *ese* relato y el relato bíblico. Con suma comodidad responden a la pregunta "¿cómo empezó todo?", con una mezcla de relatos perfectamente "coherentes". Lo interesante es que la ciencia *sigue* respondiendo a una pregunta... teológica, y en cuanto propone un relato re-cae en un mito cabalístico-creacionista digno del *Zohar.*

La evolución del Pensamiento de Lorenz y Wuketis (Ed. Argos Vergara) analiza la necesidad mitologista de nuestra mente como el gran envoltorio epistemológico-evolutivo de las cogniciones.

sis, que busca el "big bang" de la mente. Mito nuevo al servicio de mitos viejos.

Todos los grandes rebeldes no pueden ir más allá de su propia sombra, la de los mitos que bullen en sus entrañas.

Si bien el psicoanálisis parte de un mito helénico, el de Edipo, lo hace como fachada premeditada para ocultar su mito profundo e inconsciente, el judío de Freud, el de Freud el judío, el consciente que niega al inconsciente. Quien lea con leve atención los primeros cuatro capítulos del *Génesis,* con las gafas de Eros y Tánatos, Libido, Yo-Ello-Superyó, y la simbología de *Traumdeutung* sabrá a qué aluden mis palabras.

Lacan, mitólogo del mito freudiano, lo dice así:

"El *Génesis* no relata más que la creación... ¿de qué? Nada más que de significantes."[81]

"Creación" y "significantes" constituyen un binomio radical. *Si* hay creación, *entonces* hay significantes.

La creación, alude a una *intencionalidad.* Dios es sustituido por la intencionalidad de la naturaleza. La selección natural designa una intencionalidad. Lo importante es que vayamos hacia algún lado. Eso no es racional. *Por eso* no nació en Grecia. Es un mito religioso, salvador. Por eso nació en la tierra de Abraham y de Jesús.

La civilización razona.

La religión salva.

Con la civilización grecorromana aprendimos a hacer ciudades, trenes y cohetes. Pero el sujeto de esa civilización, entre los muros de acrílico y aparatos digitales, *ese individuo es bíblico, proviene del Paraíso, cree* en el significado, que es un momento transitorio entre algún comienzo y algún fin.

Sugiere Lacan que la revolución copernicana nada revoluciona: cambia un centro por otro.

Lo que necesitamos es un centro, para girar en torno y conservar de ese modo la armonía genésica de significantes para significados.

"Lo que permanece en el centro es esa vieja rutina...

"...En cualquier parte adonde lo lleven, el significado encuentra su centro...

[81] Jacques Lacan, *ob. cit.,* pág. 54.

135

"...La subversión, si es que existió en alguna parte y en algún momento, no está en haber cambiado el punto de rotación de lo que gira sino en haber sustituido un *gira* por un *cae*."[82]

Alude, desde luego, a la Ley de Gravedad.

Eso es ciencia.

En vida humana, seguimos girando. Cambia el nombre del eje, no el eje.

El eje del mito del Edén, de donde venimos, adonde vamos, es el enlace del *giro* con *la caída.*

El giro es la parábola de la historia cuyo sentido es *re-tornar,* para superar el estado-de-caída. Re-volución.

Sólo el mito primario del Edén-Paraíso-Perdido da pábulo a la existencia humana en calidad de subversión del significado, es decir de *revolución,* vocablo que, como todos saben, indica la marcha de los astros que vuelven a su punto de partida.

Retomemos, pues, el mito inicial que es el mito del final, el de la *finalidad.*

Involucra al mito de mitos, el más caro, el nunca renunciado: el de la libertad.

En la exégesis de John Milton, dice el Creador:

> "Ellos mismos han decretado su propia rebelión, no yo; y si bien la preví, mi presciencia no ha ejercido ninguna influencia sobre su falta, que aunque no hubiera sido prevista, no dejaría por eso de ser menos cierta. Así es que pecan sin la menor excitación, sin la menor sombra de destino o de cualquier cosa inmutablemente prevista por mí, siendo autores de todo por sí mismos, así en lo que juzgan como en lo que escogen; porque de este modo los he creado libres, y en libertad deben continuar hasta que ellos mismos se encadenen."[83]

Somos libres. Es un mito.

El mito reposa con todo su peso en el término SOMOS. Como si fuéramos algo especial. Como si se esperara algo de nosotros.

Todo mito es una hipótesis operativa.

Somos libres hasta que nosotros mismos nos encadenamos, dice Milton.

[82] *Ibídem,* págs. 55-56.
[83] John Milton, *El paraíso perdido,* trad. Dionisio Sanjuán, Ed. Espasa Calpe, Bs. As., 1951, libro III, pág. 54.

Volvamos al Paraíso

El mito básico figura en los primeros capítulos del *Génesis*, que encabeza a la agrupación de libros denominada Biblia.

El tema que de inmediato nos interesa aparece en el capítulo II, sigue en el III y culmina en el IV.

Se trata del Paraíso.

"Paraíso", es del griego *paradisos,* es decir "huerto". En la región de Edén.

Edén, en hebreo, significa "placer".

¿Por qué se llama Edén ese lugar? Porque hay en él "todo árbol deseable a la vista y bueno para comida y el árbol de la vida en medio del huerto, y el árbol del saber bien y mal". Y está recorrido de ríos "para irrigar el huerto", y en esa tierra "abunda el oro... cristal y piedra preciosa". Un precioso lugar de la naturaleza.

—Aparece en escena el hombre llamado ADAM, que significa "rojo de la tierra". Está solo. Dios, *dramatis persona,* lo contempla y dice: "No es bueno que el hombre esté solo".

—Aparece la mujer, para mitigar la soledad del hombre. El hombre se alegra con ella. Reconoce que su relación con ella es fundamentalmente diferente de toda otra relación con el resto del mundo. Lo dice así: "Esta vez es hueso de mis huesos y carne de mi carne".

El autor bíblico comenta: "Es por eso que el hombre debe abandonar a su padre y a su madre y se adherirá a su mujer y serán una sola carne".

Es una conclusión lógica. Sin salirnos a literaturas comparadas y a mitos como el del andrógino en el *Banquete* platónico, basta con corroborar que el texto no sólo prevé sino exige la unión carnal para que ambos sean uno. Una sola carne. No un solo espíritu. Si bien el espíritu debe superar a la letra, no ha de distorsionarla: una sola carne significa... una sola carne. En la

137

Biblia, en efecto, hay muchos términos hebraicos que tienen multiplicidad de significados. Pero no *basar,* carne.

Es la más unívoca de las materias. Carne significa carne, sexo, sensualidad.

Una unión desplaza a la otra.

Sin culpas. Sin castigo. Sin cegueras. Sin pecado. Sin tragedia. Estamos en el Edén. Hay ríos, hay árboles, hay sombra, hay frutos, hay varón, hay mujer. Podemos ser felices.

¿Qué es la felicidad?

Lo dice el *Génesis* II en su culminación radiante:

> "Estaban ambos desnudos,
> el hombre y su mujer,
> pero no se avergonzaban."

¿Por qué habrían de avergonzarse? ¿De qué se avergüenza uno? De la traición. Del mal oculto bajo la capa. Del ocultamiento. De la máscara. Pero si uno está desnudo, si no tapa nada, ¿de qué se avergonzará? ¿De qué sentirá culpa? De nada.

No, la culpa aún no existía. Tampoco la angustia. Porque estaban desnudos. Ambos.

Es un autor muy lacónico. Mide las palabras. No menciona sentimientos. El vocablo felicidad es un engendro nuestro, de nuestra cultura palabrera.

Carne de mi carne, dice ADAM cuando la ve a ELLA. La situación es lo que vale, no la verborragia apasionada. Desnudos. Sin coberturas. Sin encubrimientos.

Despojados de todo lo que no sea ellos mismos.

Por eso podían ser una sola carne y disfrutar del Edén.

—Edén es el principio del placer. De la desnudez. De la libertad en cuanto privación de otredades.

El problema comienza cuando aparece el Otro. Ese Otro que te lanza fuera de ti hacia lo Otro.

La negación de una sola carne.

Es el discurso del Otro hacia lo Otro.

El Ello de Freud y el Ello de Buber, en este punto coinciden. La otredad que subyuga, domina, enajena.

En el mito toma forma de Serpiente. Pone en duda al Edén y a la correspondiente satisfacción. Es dialéctico. Habla. Inaugura el reino de la palabra-vacua-pero-seductora. Seduce porque tiene apariencia de rebelde, inconformista.

¿Por qué ser feliz con la felicidad? —insinúa.

Hasta ese momento ella y él eran yo-tú. Ella-con-él. Él-con-ella. Sin culpa, sin mediaciones.

El Otro irrumpe. Serpentea. Astuto, hábil, fino, hermoso, atractivo. Como una serpiente. Fascinante. El Otro tiene Otro placer: el de hablar. La sacude a la mujer con su discurso subversivo: ¿Por qué ser feliz?

¿Por qué no comer de ese árbol, el prohibido, el del saber el bien y el mal?

También podría uno haberse preguntado, en respuesta: ¿Por qué dejar de lado a Adam, y a *todo* el paraíso para fijarse exclusivamente en *un* árbol? ¿Por qué?

Pero esta pregunta no se formula sino cuando uno ya está en el fondo de la trampa, o quizá nunca.

Uno se clava un árbol entre los ojos y a partir de ahí se enceguece con ese árbol y se olvida del Edén, del amante, las frutas, los ríos, las bellezas.

Mi vida por un árbol. Vivir por algo.

Y con nadie.

—¿Por qué seduce tanto el árbol del saber el bien y el mal?

—¿Cómo es que ejerce esa féerica atracción? ¿Qué fuerza posee el argumento de Serpiente? ¿Qué promete? ¿Qué puede ser superior al amor, al estar conjuntamente desnudos y sin culpa? ¿Qué?

¡EL PODER!

Eso promete Serpiente: PODER.

"El día que comáis de él —arguye— se abrirán vuestros ojos, y seréis como dioses…"

Lo claro y distinto del mensaje es: Y SERÉIS COMO DIOSES.

Poder. Dominar. Gobernar. La bota de uno en la cabeza del otro. Comienza la historia humana. Adiós Edén.

Saber. Es decir dominar. Como los dioses. Excluyentes. O tú o yo. Uno sobra. Carne contra mi carne. Otro del Otro. ¿Cómo reaccionó ella?

"Vió la mujer que era bueno el árbol para comida
    y que era pasión para los ojos
        y deseable para el entendimiento…"

Estos son los nuevos valores. En el horizonte de la alienación surgen valores sustitutos, desconocidos previamente en el mero arte de vivir desnudos.

"Bueno *para* comida", "pasión *para* los ojos", "deseable *para* el entendimiento."

¡Qué multiplicidad de usos y efectos!

¡*Para cuántas* cosas *sirve* un árbol!

El Ello en plenitud. Servirse de, *para*. Usar algo *para* crecer a costa de ese algo. Subir. Trepar. Disponer de fuerzas y poderes *para* el PODER.

Comieron.

—"Se abrieron entonces los ojos de ambos y supieron que estaban desnudos.

"Cosieron hojas de higueras y se hicieron faldas."

¿Eso prometió Serpiente? ¿Los engañó? ¿No esperaban abrir los ojos y ver un mundo iridiscente de la deidad en ellos encarnada?

¿Qué pasó? ¿Fracasó el experimento?

Se les prometió saber:

"Y SUPIERON..."

¿Qué supieron?

"Que estaban desnudos..."

¿No lo sabían antes? ¿Qué novedad? ¿Y qué hicieron con ese gran saber?

"Cosieron hojas de higuera..."

Se hicieron vestidos.

¡Qué decepción! Tanto movimiento escénico, tanta sutileza, tanto gasto dramático, ¿para terminar cosiendo faldas?

¡Serpiente (es masculino en hebreo, *najash*) es un inmoral! ¡Un mentiroso! Aunque...

Yo creo que Serpiente no mintió ni engañó ni fue inmoral. Dijo la verdad.

Fueron como dioses: solos, desnudos, llenos de ansiedad, culpa, uno-contra-otro, exactamente como los dioses de todas las mitologías.

El bien y el mal.

Tenían frío, desamparo, soledad. El mal en plenitud. Y el bien para remediar el mal: hacerse vestidos. "Vestir al desnudo", dijo Pirandello. En-cubrirse. Lo contrario de des-cubrirse. La neurosis.

Jugar a las escondidas.

No, Serpiente no mintió. Dijo la verdad. Ellos no la escucharon. Atendieron al tono seductor de publicidad televisiva que

Serpiente manejaba. La seducción vale por sí. A uno le venden y uno compra porque a uno le venden.

El consumismo está simbolizado en el primer fruto que no fue ni manzana ni pera ni nada. Fruto. Entre tantos frutos que había en el Edén. El neurótico se fija en uno y abandona a todos los demás.

El EDÉNICO dis-fruta, distingue entre frutos y dis-pone de cada uno cuando mejor le cae. Pero en el comienzo fue la publicidad y por un paraíso prometido se perdió un paraíso vivido.

—¿Qué es el bien, qué es el mal?

—La culpa, la dis-culpa.

—¿Comiste o no comiste? —le pregunta la Voz a ella.

—¿Yo? —dijo Eva con inocencia aprendida de Serpiente—. Me dieron y comí.

Le preguntaron a Adam.

—¿Yo? —repitió Adam, todo azorado—. Ella me dio y comí…

La culpa la tienen los otros, como siempre.

Antes estaban desnudos. Ahora están cubiertos de prendas, de palabras, de interpretaciones, de bien y mal, de análisis recíproco. Mañana aprenderán a decir en noches de luna "te amo", y a contestar "te adoro", pero por más des-vestidos que estén no alcanzarán a quitarse todas las máscaras y a ser *realmente* una sola carne.

Y si no se es una sola carne —dice el autor del *Génesis*— no termina uno jamás de abandonar a papá y mamá.

Y no habrá diván que le quede bien.

LA FE EN UN FUTURO MEJOR

El Paraíso es el germen de todos los mitos que alimentan en Occidente la esperanza de un mundo mejor, la idea de historia, de evolución, Occidente aun cuando es ateo, es religioso. Con Dios o sin Dios, cree. Nietzsche cree. Sartre cree. Creen en la posibilidad de un futuro mejor, de algún tipo de redención, salvación, revolución.[84]

"Todo podría cambiar", es un prejuicio radical; el del mito bíblico. Estamos para algo. Creen. Creemos. El hombre es el ser que cree que el mundo podría ser mejor de lo que es.

También Hitler creía. La diferencia entre creyentes varios está en "detalles menores".

¿Con 25.000.000 de seres humanos liquidados en guerras y campos de concentración, se logra el paraíso perdido? Hitler creía que ésa era la medida. Otros creen que ESO no mejora al mundo.

La dramática crisis de Occidente radica en la incompatibilidad de las dos tradiciones que sostienen nuestros valores

—la helénica
—la bíblica.

A pesar de no tener razón alguna para creer, seguimos creyendo. Ni la libertad, ni la ética, ni la idea de humanidad, de his-

---

[84] La idea de "persona", eje y sustento de cualquier filosofía o ideología en Occidente, es de origen religioso, proyección hacia el hombre de las "personae" de Dios, el cristianismo, el occidental. Ese origen continúa siendo esencia en toda consideración de lo humano en cuanto ética, o historia, o teleología: su lógica es de la fe, no de la razón.

"Todos hablamos de la persona humana, pero nadie pudo hacer semejante cosa antes de Nicea." (Denis de Rougemont, *La aventura occidental del hombre,* trad. Roberto Bixio, Ed. Sur, Bs. As., 1983, pág. 48.)

142

toria, de ir hacia algún lado, admiten justificación *racional* alguna.

Son aserciones de fe. No hay manera de demostrarlas, como no hay manera de demostrar la existencia ni la inexistencia de Dios. Lo que los razonadores de la razón no sabían es que cuando Dios se fuera, con él se iría todo el mundo que en él se apoyaba: que somos algo especial y existimos para algo especial y merece la pena luchar por ese algo y dentro de parámetros de respeto a la vida y...

Las ideologías suplantan a las religiones.

Para las masas es cosa de cambiar de "opio".

Sólo que ahora el opio de las masas ya no tiene sustento espiritual. No hay personas; sólo cosas y negocios y la angustia consecuente. El vacío que gime y la droga que llora.

Los griegos no creían en nada. Jugaban a los dioses. Su paradigma era Sócrates. La vida es un aprendizaje de la muerte, enseñaba. Y murió, en calma, en paz, y *para nada*. Ahí terminaba el fin.

En Oriente la contraparte está iconizada en la figura de Jesús. *El que murió para algo*. Ésa es la fe. Aquí la muerte inaugura un significado. Ahí no terminaba el fin sino que se construía el cimiento para un nuevo comienzo. Vivir para algo. Morir para algo. Para alguien. Alguien me observa. Absurdo —sonríe Aristóteles.

Credo quia absurdum est —responde Tertuliano.

LA NEGACIÓN DE LA FE:
STIRNER

Nietzsche diseñó los funerales de Dios, pero se guardó la herencia del cristianismo por él tan repudiado: Nietzsche sería el nuevo Cristo.

Por eso fue y continúa siendo admirado y leído en nuestro mundo: permite renegar de todo, como correspondería, en consonancia lógica con la lógica, y autoriza a mantener la fe en metáforas tales como "el amor al lejano", "somos un puente tendido hacia el superhombre", "di tu palabra y rómpete luego".

Hubo otro auténtico destructor de ídolos, no tan exitoso pero más honesto, que conviene retomar. Me refiero a Max Stirner (1806-1856). Dije "auténtico" porque tomó una sola línea y la continuó hasta el final, y ahí se quedó, sin inventar nuevas soluciones-salvaciones-religiones.

Stirner en su libro *El único y su propiedad,* piensa, y luego existe, es decir cosecha los frutos de la razón pura huyendo de cualquier opio externo.

Veamos algunos momentos de su reflexión:

"El verdadero hombre no está en el porvenir, no es un objeto, un ideal al que se aspira, sino que está aquí, en el presente, existe en realidad; cualquiera que yo sea, cualquier cosa que yo sea, alegre o sufriendo, niño o anciano, en la confianza o en la duda, en el sueño o en la vigilia, soy Yo. Yo soy el verdadero hombre."[85]

Tradicionalmente uno es un eslabón que debe ser superado para llegar a ser lo que uno debe ser; uno está siempre en tránsito de ser; hay una meta a alcanzar.

[85] Max Stirner, *El único y su propiedad,* trad. P. G. Blanco, Ed. Juan Pablos, México, 1976, pág. 446.

Esta tradición es desechada por Stirner. El ser es el ser. Cualquier ser. Santo o criminal. Siempre hombre. Eso es el hombre. Eso que escribe, eso que se emborracha, *eso* que baila, *eso* que pinta Guernica. No hay más, no hay menos. No hay valores. No hay qué esperar, a qué aspirar. En términos de razón pura estas apreciaciones son irrebatibles. Si no admitimos una idea previa acerca del hombre y lo humano como entelequias supremas que deben ser realizadas, no hay más hombre que el hombre, como no hay más tigre que el tigre, en todo su ser y en todas sus facetas y posibilidades de ser.

"Un hombre no es llamado a nada; no tiene más 'deber' y 'vocación' que el que tienen una planta o un animal. La flor que se abre no obedece a una vocación, pero se esfuerza en gozar del mundo y consumirlo en cuanto puede; es decir, saca tantos jugos de la tierra, tanto aire del éter y tanta luz del sol como puede absorber y contener."[86]

Stirner no es un ingenuo que propende un retorno a la naturaleza, como si el hombre fuera, igual que pájaros y flores, un ente natural. Sabe de la presión cultural. Sabe que somos los otros, el pensamiento de los otros la creencia de los otros, la libertad de los otros. Sabe que es imposible eludir esa ajenidad que penetra en uno desde el momento del nacimiento. Una vez asumidos esos axiomas, el tema consiste en enfrentarlos y procurar un yo-mismo para el yo mismo.

Son tan opio la diosa-razón de la Hélade, como el Dios-Salvador de Judá.

"Yo quiero responder a la pregunta de Pilato: '¿Qué es la verdad?' La verdad es el pensamiento libre, la idea libre, el espíritu libre; la verdad es lo que es libre con relación a ti, lo que no es de ti y no está en tu poder. Pero la verdad es también lo que no tiene existencia por sí mismo, lo que es impersonal, irreal e incorporal...

(...) ¿Y en qué reconoces el verdadero pensamiento? En tu impotencia, es decir, ¡en que no tienes ninguna acción sobre él! Cuando te vence, te entusiasma, te arrebata, lo tienes por verdadero... Cuando te violente y estás poseído de él, estás contento, has encontrado tu dueño y señor.

---

[86] *Ibídem,* pág. 445.

Cuando buscabas la verdad, ¿qué reclamaba tu corazón? Un dueño. (…) En tanto que crees en la verdad, no crees en ti, y eres un siervo, un hombre religioso."[87]

Hay modos diferentes de ser religioso, ser sometido, ser-sujeto.

El resto es autoengaño.

El razonamiento de Stirner es implacable.

Todo lo que hay es el yo, y es único. Incomparable, incompatible, incompartible.

Si el cristianismo dice que todos son pecadores, comenta Stirner, yo afirmo que "todos somos perfectos, porque somos a cada instante todo lo que podemos ser".

El pecado es una falta. Es una carencia. Hay un modelo ideal, y si no coincido con él estoy en falta, en pecado, en imperfección.

Pero como el modelo ideal, según Stirner, no existe, es decir no tiene razón valedera de ser, yo soy mi modelo, y yo coincido conmigo mismo; *ergo*… soy perfecto.

Para concluir:

"Ningún pensamiento es sagrado, porque ningún pensamiento es una devoción; ningún sentimiento es sagrado, ninguna fe es sagrada. Pensamientos, sentimientos, creencias, son revocables, y son mi propiedad, propiedad precaria que Yo mismo destruyo, como yo soy quien la creo."[88]

De todo esto se infiere una ética sumamente rigorosa.

No hay más Verdad. Apenas mis verdades, que porque son mías no son sagradas, y no pueden trascender más allá de los físicos límites corporales de mi persona. Todo lo mío es *solamente* mío.

Y porque es mío, lejos de arrastrarme a una megalomanía de superhombre, me reduce a ser lo que soy, ni El Hombre, ni La Humanidad, ni hijo de Dios, ni protagonista de La Historia; simplemente yo con mis sentimientos, mis creencias, que mientras sean míos valen todo lo que valen para mí, y en principio son *nada* para otro. Yo los creo, yo los garantizo, y a mí me sirven. No más. Nada más. A nadie más. Soy todo lo que soy y nada más que eso. Toda mi plenitud con toda mi caducidad. Nada espero.

[87] *Ibídem,* pág. 480-481.
[88] *Ibídem,* pág. 488.

Nada exijo. Nada impongo. Si no podemos ser el uno con el otro, seamos el uno junto al otro.

"Todo ser superior a Mí, sea Dios, o sea el Hombre, se debilita ante el sentimiento de mi unicidad, y palidece al sol de esa conciencia."[89]

Este es un planteo de la libertad al cual no estamos acostumbrados. Las críticas que merece lanzan epítetos como "individualismo decadente de la burguesía", "nihilismo", "escepticismo", "anarquismo". Palabras mágicas para aventar fantasmas.

No, no es bueno que el hombre esté solo —dijo Dios cuando programó un "paraíso".

Pero tampoco es bueno usar *napalm* para difundir el amor entre los hombres y proteger el futuro promisorio que aguarda a nuestros nietos.

En el Paraíso había un cartel "PROHIBIDO" sobre un árbol, el del saber, "El día que comáis de él moriréis, dijo la Voz.

Es, en consecuencia, el árbol de la muerte. El de la muerte en vida de los que son como dioses, de los que saben decididamente de parte de quién está la verdad y a quién hay que imponerla *ad majorem gloriam humanitatis*.

Por eso estaba prohibido.

No se prohibía la ciencia. Se prohibía el misil, el gas-de-cámara, el degüello. Se prohibía la culpa y la dis-culpa de Él y de Ella. Se prohibía el encubrimiento del discurso, las palabras con mayúscula, todo eso que atenta contra la desnudez del ser con el ser.

Lo trágico e irónico —lo trágico siempre irónico— de la historia del pensamiento humano es que basándose en ese profundo mito los hombres vienen procurando la realización de ideologías-de-regreso-al-paraíso... manipulando el fruto del árbo-del-saber-poder.

Le preguntaron a Claude Lévi-Strauss:

—¿Piensa usted que la Historia carece de sentido?

—Si lo tiene no es bueno.

[89] *Ibídem*, pág. 498.

—(...) ¿No es "reaccionario", así, entre comillas, lo que usted dice?

—Los términos "reaccionario" o "revolucionario" carecen de sentido, en relación a los conflictos que oponen, unos contra otros, a diferentes grupos de hombres. Por eso, en nuestros días el mayor peligro que afecta a la Humanidad no proviene de las empresas, de un régimen, de un partido, de un grupo o de una clase. Proviene de la Humanidad misma, en conjunto..."[90]

[90] Claude Lévi-Strauss, *Conversaciones sobre la nueva cultura,* trad. J. M. Ballester, Editorial Kairos, Barcelona, 1975, pág. 266.

148

LA EDUCACIÓN IMPOSIBLE

La mayoría de los pensadores converge en la incertidumbre acerca de la libertad.

Sea por motivos físico-deterministas, tipo Laplace.

Sea porque existe, pero no se la deja existir.

Al problema filosófico-científico, lo eludiremos.

En cambio se hace más accesible el enfoque psico-sociológico.

Aquí abundan desde extremos varios las críticas a la sociedad y sus instituciones que tienen por primordial meta suprimir la libertad porque de ese modo logran su mayor y mejor subsistencia.

Algunos ejemplos textuales merecen ser citados.

Herbert Marcuse:

"Educar para una independencia intelectual y personal: suena como si se estuviera hablando de un fin aceptado y generalmente aprobado. En realidad es un programa por demás subversivo... Pues la cultura democrática dominante promueve la heteronomía bajo la máscara de la autonomía..."[91]

Elementalmente cierto. El poder se sustenta en la heteronomía. La escuela, la más moderna, si pretende existir institucionalmente debe heteronomizar.

[91] Herbert Marcuse, *Ética de la revolución,* trad. A. Alvarez Remon, Ed. Taurus, Madrid, 1969, pág. 169.

También José Bleger considera que "pensar" y "enseñar a pensar" es proponer un programa "subversivo". Dice Bleger: "Mucho de lo que se llama pensar es solamente un círculo vicioso y estereotipado [...] Lo espontáneo es el pensamiento dialéctico, que está limitado y reprimido por el pensamiento formal, porque con este último, en realidad, no se piensa, sino que se critica y controla el pensar dialéctico hasta un límite que se llega a bloquearlo". (José Bleger, *Temas de psicología,* Ed. Nueva Visión, Bs. As., 1971, pág. 67).

En Occidente aprendimos a apelar a nuestras dos fuentes: el fondo bíblico del qué-hacer con el quehacer, y el fondo helénico, abstracto, retórico, que comenta al mundo. La heteronomía es praxis. La autonomía, envoltura psico-didáctica para un yo amilbarado en frases trascendentes.

—¿Qué ha de hacer uno para ser libre?

—Educarse.

Tarea imposible, o improbable, según Marcuse.

A los que les va bien en la escuela, y en las "carreras" de estudio institucionalizado, en verdad les va mal. Son los adaptados. Los adaptados son los cercenados. Así los quiere la sociedad. Los bien-educados nunca serán libres.

En cambio los in-adaptados, los problemáticos, son aquellos que muestran síntomas de vera salud de crecimiento. Al menos así lo considera Françoise Dolto. Apoyada por Maud Mannoni en su libro *La educación imposible:*

> "Paradójicamente en nuestro sistema *se impide* aprender al alumno. La escuela, después la familia, se ha convertido hoy en el *lugar elegido para fabricar neurosis* que se tratan luego en escuelas paralelas llamadas hospitales de día."[92]

En fin, toda institución, por el mero hecho de estar instituida, *es* represora, castradora. Cuando es de vanguardia y proclama la libertad y otros humanismos lanza mensajes contradictorios que sólo pueden producir neurosis.

Irónicamente resultaría que "todo tiempo pasado fue mejor" en este punto, cuando la escuela-familia-hospitales-sociedad *se declaraba represora,* lo evidenciaba, y hacía coincidir plenamente el consciente con el inconsciente, el significante con el significado sin necesidades de desciframiento ulterior. La heteronomía era el *nomos.* No se jugaba a otra cosa.

El modernismo, en cambio, juega a la libertad, a la autonomía, oculta el látigo detrás de la espalda, toma apariencias de diálogo y comprensión, pero *latet anguis in herba,* entre la aromática y rousseauniana hierba está oculta la serpiente de la represión como sistema, para mantener al sistema.

---

[92] Maud Mannoni, *La educación imposible,* trad. Pilar Soto, Ed. Siglo XXI, México, 1984, pág. 36.

Si a todo esto se le aplica una pátina de marxismo liviano, tenemos esta afirmación rotunda de nuestro Aníbal Ponce:

"Mientras no desaparezca la sociedad dividida en clases, la escuela seguirá siendo un simple rodaje dentro de un sistema general de explotación y el cuerpo de maestros y profesores un regimiento que defiende como los otros los intereses del Estado."[93]

Al Estado, en efecto, sólo le interesa El Estado. Y si el pueblo discrepa con el Estado, enseñó Bertolt Brecht, hay que abolir al pueblo...

A esta altura de la reflexión uno vuelve a preguntarse:

—¿Qué he de hacer para ser libre?

Y retorna la respuesta:

—Educarse.

—Pero educarse es imposible, lo dijo Marcuse, y la Dolto, y Mannoni, y Ponce y...

Aquí concluye el periplo del círculo vicioso.

Tiene dos soluciones globales:

Una, que podría encabezar David Cooper y la psiquiatría subversiva: hay que cambiar las instituciones.

Otra, que se remonta al propio Marx: hay que cambiarlo todo.

Y, por supuesto, todas las variantes intermedias.

---

[93] Aníbal Ponce, *El ensayo argentino,* Ed. CEDAL, Bs. As., 1981, pág. 19.

¿QUÉ PUEDO HACER?

Por ahora, mientras no son probables las utopías del Gran Cambio, más vale no evadirse del círculo vicioso a través de viciosas visiones de apocalipsis redentores que ocultan, muy en el fondo, *la dialéctica de no hacer nada puesto que no se puede hacer nada hasta que ocurra la gran Revolución.*

Todas las afirmaciones acerca de la represión solapada en las expresiones institucionales que nos conforman, informan y deforman, sirven para rescatar la libertad como residuo, único ser —el residual— que la libertad tiene dentro de una realidad cercada de dioses, creencias, cultura, adoctrinamiento.

Saber el entorno de la limitación, de la no-libertad, es el primer golpe de martillo en la roca.

Si sé cuán libre no soy, podría llegar a ser algo libre.

Es lo que sostiene Krishnamurti.

El sistema me impide aprender, comenta Maud Mannoni.

Lo aprendo.

Procuro aprender dentro, fuera, contra el sistema.

Utilizo las armas que el sistema me provee para no-aprender, y pretendo aprender.

El humanismo se llamó otrora *humanitas*. Estaba estructurado en la simbiosis de dos conciencias: una que nos mantiene muy cerquita de Dios, rozándole casi los dedos, como lo vio Miguel Ángel en la famosa Capilla; la otra es conciencia de ser "ceniza y polvo", uno de los tantos accidentes en la escala ciega o clarividente de la evolución.

Erwin Panofsky redacta así el manifiesto de ese humanismo:

"De esta concepción ambivalente de *humanitas* se ha originado el humanismo. Este no es tanto un movimiento como una actitud que se puede definir como la fe en la dignidad del hombre, fundada a la vez en la reafirmación de los valores humanos (racionalidad y libertad) y en la aceptación de los límites del hombre (falibilidad, fragilidad). De estos dos postulados se derivan consecuentemente la responsabilidad y la tolerancia."[94]

Dignidad = racionalidad = libertad
Limitación = falibilidad = fragilidad.

Somos lo uno, *pero* lo otro.

No obstante, preferimos olvidar lo otro, la falibilidad, la fragilidad y actuamos como si tuviéramos un solo rostro, el de la dignidad, el de la racionalidad y el de la libertad.

Por eso estamos exiliados del paraíso, por el afán de ser como dioses y la incapacidad de ser como hombres.

El humanismo es lo uno y lo otro, lo uno *pero* lo otro, lo uno *aunque* lo otro.

Los talmudistas (siglo VI) preguntaron por qué fue el hombre creado —en el mito genésico— el último entre todos los seres. Y encontraron la respuesta en la ambivalencia de nuestra esencia:

"Si el hombre se envanece demasiado se le dice: —Oye, no te creas tan grande; cualquier mosquito te antecede en el orden de la creación.
Si el hombre está a la altura debida y en armonía con el cosmos se le dice:
—Fuiste creado el último para coronar la obra de Dios."

Menos que un mosquito, *pero* corona de Dios.
Corona de Dios, *pero* menos que un mosquito.
—¿Qué ha de hacer uno para ser libre?
No dejarse encerrar en corona alguna.
Lograr alguna autonomía de vuelo, en comparación con el mosquito.
Armarse de algunos espacios propios.
Aprender a pesar del sistema. Aprender a vivir. *Humanitas.*
La racionalidad tanto fue aplicada a la tecnología que casi nada restó para la vida propiamente dicha. La libertad tanto fue desgastada en grandilocuencia, que habrá que aprender a cons-

[94] Erwin Panofsky, *El significado de las artes visuales,* trad. N. Ancochea, Ed. Alianza, Madrid, 1979, pág. 19.

truirla. *Lo más seguro que nos queda es la falibilidad y la fragilidad.*

La in-seguridad es hoy nuestro bien mayor.

—Responsabilidad
—Tolerancia

Da vergüenza, a fines del siglo XX, reescribir esos dos principios que la *humanitas* promueve.

No obstante es un deber hacerlo. Para hablar claro.

Claro y distinto, pedía Descartes que fuera el concepto de la verdad.

Prefiero aplicar esos términos a los hombres.

Es libre el hombre que es claro y distinto.

CAPÍTULO VI

LA CREATIVIDAD

CONVERGENCIA Y DIVERGENCIA

Claro y distinto. El hombre divergente. El que a veces piensa por sí mismo y se dice a sí mismo qué le gusta a él mismo. El que prefiere el Norte cuando la amplia mayoría, y las revistas especializadas, y los doctos en la materia, sostienen que en el Oeste está lo mejor. Y tolera y respeta, claro está, a los que prefieren el Oeste. Podría intentar convencerlos y demostrarles que su punto de orientación es superior. Cambiar ideas, discutir ideas, es buen deporte. También se puede cambiar de idea, como se cambia de traje. ¿A quién le ofende? *Lo prohibido es el auto de fe o el paredón para el que no comulga con mis ideas.*

Esta es la breve y elemental ética de la responsabilidad y de la tolerancia. Es decir, del *derecho a la divergencia.*

Que es el *derecho a la inteligencia.*

Porque tomistas o ateos a rabiar todos comulgamos en la Creencia De Nuestra Superioridad en cuanto Entes Inteligentes.

La inteligencia consiste en practicar la inteligencia.

Es decir la creatividad.

Ser libre es ser creativo, es ser inteligente en praxis cotidiana, para eludir la presión-opresión-represión del Sistema y los subsistemas subsidiarios, en la medida de lo posible.

La libertad es un residuo.

Y hay que tener imaginación para crearlo, deshaciendo y rehaciendo moldes, al decir de Umberto Eco.

El término "praxis cotidiana" denota todas las áreas de la existencia asistidas por todos los focos de la inteligencia.

En la tradición cultural de Occidente la inteligencia y sus factores múltiples suelen ser reducidos a las fronteras de ciencias y artes. Cuando uno sale del laboratorio o del estudio de pintura puede cerrar las compuertas de la inteligencia e imbecilizarse como cualquier hijo de vecino. Los genios siempre fueron autorizados a ser "cualquier cosa" en las márgenes exteriores del estricto ámbito al que aplicaban su genialidad.

En este trabajo no nos ocupamos de la genialidad de gabinete ni de la creatividad de exposición.

Hablamos del ejercicio de la inteligencia = imaginación = creatividad en la actividad diaria.

El mismo individuo —llámese Leonardo da Vinci o Modigliani o Newton o Baudelaire— que es capaz de crear materia-ajena es totalmente incapaz de crear materia-propia, modelar su existencia que no es sino coexistencia.

De ese aprendizaje tratamos. Parece ser el más arduo. Superhombres no faltan en la historia. Faltan hombres. Esos que no hacen La Historia. Esos que hacen *su-tu* historia.

Cruzar el Rubicón es factible, y más de uno podría hacerlo. Cruzar la calle y comunicarse, al parecer, es tarea entre titánica e imposible.

Es que para cruzar el Rubicón basta con voluntad, decisión, y fuerzas. Para cruzar la calle y comunicarse con el vecino hace falta imaginación, creatividad.

Zafarse del libreto establecido. Romper relaciones de causalidad tramadas en reflejos condicionados: a todo A ha de responderse con B. Resignificar cada situación.

Creatividad es avistar horizontes inéditos sobre el espejo del horizonte consagrado. El horizonte consagrado no es malo *a priori,* ni debe ser desechado por rutina creativa; pero sí es *a priori* puesto en suspenso mientras se toma el pulso a otras posibilidades de encaramiento.

Un ejemplo notable lo proporciona J. P. Guilford en su libro *La naturaleza de la inteligencia humana.* Érase que se era un estudiante que se enfrentó con el siguiente problema en física: "Demuestre cómo se puede determinar la altura de un edificio muy alto mediante la ayuda de un barómetro".

El profesor que planteó el problema, indudablemente, tenía *una* respuesta prevista.

El estudiante estrujó su imaginación y produjo estas alternativas:

1) Llevar el barómetro al extremo superior del edificio, atarle una cuerda, bajarlo hasta el suelo de la calle, luego medir la cuerda.

2) Tomar el barómetro, desde el techo, arrojarlo a la calle y medir el tiempo de la caída con un cronómetro. Aplicando cierta fórmula matemática se puede saber la altura del edificio.

3) Tomar el barómetro en un día de sol, medir su altura y longitud de la sombra, y lo mismo con la sombra del edificio, practicar las proporciones...

4) Regalarle el barómetro al portero del edificio y preguntarle qué altura tiene el edificio...

El caso tiene momentos risueños, pero señala las variantes imaginativas para un problema físico-matemático.

Este es un ejemplo de pensamiento *divergente*.

Toda pregunta puede admitir múltiples respuestas, amén de la consagrada como respuesta correcta y tenida ella únicamente como tal.

Una sola respuesta para una pregunta es el *pensamiento convergente*.

"En los tests de pensamiento convergente casi siempre existe una sola conclusión o una sola respuesta considerada como válida, y el pensamiento debe ser canalizado o controlado para llegar a esta respuesta...

En el pensamiento divergente la búsqueda se hace en numerosas direcciones... Se caracteriza por una mayor dispersión. Se deja ir a la libertad en diferentes direcciones."[95]

Lo que se enseña en la escuela, en la sociedad, en la familia, en la vida institucional es la *convergencia*. Que representa a la ideología de la presión-represión por un conformismo estabilizador del Poder.

La divergencia de la autonomía, como dijo Marcuse, sería subversiva. Pero puede lograrse, sin dañar al Régimen o la Disciplina.

Si bien los factores innatos-heredados de la inteligencia son innegables se ha comprobado que pueden ser cultivados y acrecentados por el *uso*. Guilford comparte el punto de vista de Bartlett "que considera que las aptitudes del pensamiento así como las habilidades intelectuales son posibles de entrenar, por analogía, con las habilidades motoras. (...) Han sido originadas en

[95] J. P. Guilford, *La naturaleza de la inteligencia humana,* trad. Nuria Cortada de Kohan, Ed. Paidós, Bs. As., 1977, pág. 183.

gran parte por la práctica informal y deben ser posibles de mejorar gracias a la práctica formal."[96]

Una buena educación consiste en clases donde los profesores enseñan a sus alumnos a no pensar como ellos, como los profesores. A diferir en la re-ferencia.

Pero la convergencia gana, se impone. El éxito consiste en mirar a los ojos del profesor y generar la respuesta que *él* quiere, que *él* espera.

En un examen, de los últimos en mi carrera, en la universidad me atreví a hacer ciertas observaciones personales sobre Kant y su sistema. El profesor se indignó. Estaba ofendido. Los ojos echaban chispas. Y yo comencé a retroceder delicadamente. No tengo alma de héroe y no creo que nadie deba arriesgar su "vida" por un Kant de más o un Kant de menos. De modo que diplomáticamente fui manifestando al profesor que él tenía razón, que en efecto, que por cierto, que claro, que en fin... y salvé el pellejo.

Otro ejemplo autobiográfico: mi hijo menor a los ocho años se sentó a juguetear en mi máquina de escribir; terminó escribiendo varios renglones de estilo fluido, bellos, expresivos en forma y contenido. Al año siguiente trajo del colegio una composición que había hecho y que por un instante me hizo dudar seriamente de las capacidades intelectivas de mi hijo. Era la apoteosis de la estupidez lo que el chico había escrito. Luego reflexioné y me dije: el chico escribió en convergencia con el gusto y deseo y expectativas de la maestra. ¿Es imbécil la maestra? ¡No! La maestra, a su vez, converge con el gusto y deseo y expectativas de eso que La Escuela considera bueno, una composición sobre un tema llena de lugares comunes.

El lugar común es el mayor enemigo del lugar propio.

Siguiendo con mi hijo, en otra ocasión, no sólo remedó el lugar común de estilo y fraseología, sino la información vigente en materia psicológica: en otra composición confesó que era un incomprendido, que los padres lo maltrataban, que la angustia, que estaba solo...

Lo que no sabe la gente es que hasta los sentimientos más "profundos" y más "auténticos" no son propios, son del Otro, del lugar común, de la convergencia dominante.

[96] *Ibídem,* pág. 398.

Lo más propio suele ser lo más extraño.

Me salen al paso estos versos de Rilke, de *El libro de las horas*:

"Y así dicen: mi vida, mi mujer, mi perro, mi hijo,
y saben muy bien que todo: vida, mujer, perro e hijo
son hechuras extrañas donde ciegos tropiezan
con las manos extendidas."

ENSEÑAR A PENSAR

Enseñar a pensar —es el lema pedagógico más vulgarizado.
¿A pensar qué?
¿A pensar como quién?
¿A no-pensar como quién?

Enseñar a pensar, clásicamente, es adoctrinar, imprimir ideas, instruir en repeticiones de conceptos. Cada uno en el condicionamiento de su clase social, de su grupo, de su parroquia.

Si se grabaran nuestros diálogos, nuestros comentarios acerca de diversos temas y conflictos, y luego se los computara en tabulaciones pertinentes, fácilmente se evidenciaría cómo los lugares comunes y las frases hechas funcionan dentro de nosotros, pre-programados, con una eficiencia de automatismo estúpido pero in-visible.

La cibernética en este punto puede abrirnos mucho los ojos, y es por ello mismo que desata polémicas tan pasionales siempre que se roza la posibilidad de que la máquina "piense", es decir se equipare al hombre.

Lo que está en juego es la famosa dignidad humana, radicada en el intelecto, y que nunca tolerará ser desplazada por máquinas inteligentes.

Entre los que niegan a la máquina capacidad de "humanización" figura el profesor Putnam quien "sugiere que los seres humanos son máquinas, pero máquinas incoherentes. Si se dotara a una máquina de circuitos que mimetizaran un sistema incoherente, no habría ninguna fórmula bien razonada que no pudiera demostrar, por lo que, en este sentido no podría demostrarse que fuera inferior a un ser humano. Tampoco podríamos reprocharle su incoherencia, ¿no son incoherentes las personas?"[97]

---

[97] *Controversia sobre mentes y máquinas,* trad. Francisco Martín, Ed. Hyspamérica, Bs. As., 1985, pág. 89.

La verdad es que tomados los hombres en términos estadísticos, y en todas las áreas de la existencia, durante un período no muy largo y a razón de veinticuatro horas al día, la etiqueta de la incoherencia sería indulgente.

Es evidente que no somos máquinas. Las máquinas de pensar, bien programadas, en comparación con la media humana, piensa, eligen alternativas, no se limitan a repetir *una* respuesta.

Somos máquinas deficientes.

El hecho de la posesión cerebral, sofisticación cibernética de la biología, aún no significa que la capacidad intelectiva *sea ejercida.*

Hay gente que por estar a la moda adquiere computadoras para que realicen mínimas tareas de sumar, restar y operaciones por el estilo. Son computadoras no usadas en todo su potencial. Esa misma gente tiene un potencial cerebral —neurológico— intelectivo que no pone en práctica. *Ergo* repite, imita; no piensa.

La educación convergente así lo quiere y requiere. En términos generales logra su objetivo. Cuando una persona dice "yo pienso que..." es porque con toda seguridad se va a repetir a sí misma por enésima vez en un tema que tiene incorporado-grabado en forma definitiva de respuesta a un estímulo.

Si se pudiera enseñar a pensar, el primer gran ejercicio consistiría en revisar todo lo que uno tiene "pensado" para corroborar que, en realidad, el "yo pienso" suele ser portador de mensajes codificados que dispensan a uno de pensar.

Pensar es vivir.

Pensar es cerrar compuertas a soluciones pasadas, ya que nada se repite. Todo *es* nuevo. En consecuencia exige que sea mirado con ojos absolutamente originales.

Pensar es liberarse. En el aprender a pensar se da el aprendizaje de la libertad.

Liber liberat —decían los antiguos en hermoso juego de palabras. Porque el *liber* = libro es el significante que me reclama para que le otorgue significado. Una y otra vez. Hoy como no-ayer. Hoy como no-mañana. Es la diversión que proporciona la di-vergencia. *Di-versión.* Versiones plurales. El universo ha de ser pluri-verso.

LA POESÍA, ARTÍCULO DE PRIMERA NECESIDAD

Henri David Thoreau sostenía que la vida propia, en su sencillez más escueta, vivida en plenitud podría ser una inconmensurable novela, de mucha "diversión". Textualmente así se expresaba en *Walden o mi vida entre bosques y lagunas*:

> "Tuve al menos esta ventaja en mi modo de vivir sobre aquellos que para divertirse están obligados a mirar afuera, hacia la sociedad y el teatro, pues mi misma vida llegó a ser mi diversión y nunca dejó de ser novela."

Lo maravilloso está tan al lado, tan en uno mismo y en el entorno inmediato que las llamadas diversiones, son más bien una evasión de este yo-mismo que uno tanto declama querer.

Recordemos a Hagar, esposa de Abraham, que es arrojada con su hijo al desierto. La sed la apremia. La muerte está cerca. Se gime, se reza, se agoniza. De pronto, está escrito, "abrió Dios sus ojos y vio una fuente de agua". No dice el texto que Dios creó para Hagar una fuente. *El milagro opera en los ojos, no en el mundo exterior.* De lo que se infiere que la fuente siempre está, pero pocas veces se la ve. Requiere un esfuerzo. Una situación extraordinaria para captar lo ordinario, lo inmediato.

¿Por qué no se capta lo ordinario?

Porque no es inmediato. Porque la realidad está mediatizada en mil filtros, es decir "pre-juicios" y uno nunca ve ni oye nunca lo que ve, lo que oye, sino aquello para lo que fue adiestrado a ver, a oír.

Somos sujetos de nuestras sujeciones.

> "En mi casa —escribe Thoreau— tenía tres sillas: una para la soledad, dos para la amistad, tres para la sociedad."

164

Las tres sillas, más o menos, las tenemos.

Las dos, y la una son mucho menos asequibles.

El miedo a la soledad es el miedo a la libertad. El miedo al ocio. El miedo al tiempo sobrante. ¿Qué hacer cuando *no hay* qué hacer?

Bien se dijo que "el ocio es fuente de todo vicio".

Para los griegos era toda una bendición y lo llamaron *scholé,* de ahí "escuela", esto es tiempo de reflexión y aprendizaje. Pero la tradición bíblica, esa que concibe a Dios en calidad de Hacedor y no de meramente existente, esa tradición vio que al hombre hay que programarlo en todos sus momentos con algún hacer, puesto que si deja de hacer puede comenzar a pensar, y si no sabe pensar, pensará mal, es decir *el mal,* y el infierno le quedará chico.

Esto es una amalgama de ironías ineludibles: los pensadores herejes, en efecto, obligaron a pensar a los pensadores institucionales en las medidas indispensables para suprimir a los primeros.

Exceso de pensamiento Ya no es diversión. Es perversión.

La presión de un polo, cuando es cuestionada, provoca la reacción del polo opuesto.

El dogmatismo de Dios convoca al dogmatismo del Diablo.

Tampoco insinuamos la modosa fórmula aristotélica de la *aurea mediocritas,* el camino medio, que se aleja de los extremos.

Sugerimos más bien que un buen-pensar no tiene extremos, y por tanto recusa también los matemáticos caminos medios.

Pienso, por lo tanto piensas.

Hay que rescatar al ocio creador.

Pensar es contemplar. Contemplar es disfrutar.

Por esta vía reingresa la poesía a la República del Orden, de donde fue excluida por el cáustico Platón.

En el *Manifiesto* de Nicanor Parra se lee:

> "Para nuestros mayores
> la poesía fue un objeto de lujo
> pero para nosotros
> es un artículo de primera necesidad,
> no podemos vivir sin poesía."

Si la poesía fue expulsada de la *República* ideal, es decir de la perfección del Poder Heterónomo es porque constituye, precisamente, la libertad, la divergencia, la creatividad.

En este sentido la poesía no se opone a la prosa; se opone a la nada, al ser rutinario, vacío, repetitivo.

Si la libertad no genera una opción personal, al margen de la programación intestina, se torna mero vacío. Y angustia. Por eso de la libertad no se puede hablar sino en términos de aprendizaje. Ni se da ni se tiene. Se ob-tiene. Se la conquista haciéndola momento de vida distinta.

"El primero que comparó a una mujer con una rosa fue un genio. El segundo que lo hizo fue un idiota."

La aserción es de algún iluminista cuyo nombre no recuerdo.

La mayor parte de nuestra cultura personal está configurada por frases hechas.

Los idiotismos fluyen en lo más íntimo de la corriente sanguínea.

La mujer *sabe* qué piropos podría decirle el hombre.

El hombre *sabe* qué piropos debe decirse a una mujer.

Es un sencillo circuito pre-programado en el nivel más elemental.

Estos circuitos existen para que la mujer no deba esforzarse en "pensar" la frase que oye; para que el varón no deba esforzarse en "pensar" el elogio que ha de pronunciar. Son circuitos de economía mental. Facilitan, como todos los hábitos, la posibilidad de hacer-decir algo y mientras tanto pensar en otro tema. Pero el "otro tema" también está cercado de moldes prefijados. Y así sucesivamente.

¿Cuándo *realmente* pensamos?

Cuando nos zafamos de cualquier automatismo habitual.

Eso es liberarse.

Pensar es dejar de saber.

En 1920 en un ensayo de Max Scheler aparecido en *Revista de Occidente* se decía:

"Al cabo de unos diez mil años de historia, es nuestra época la *primera* en que el hombre se ha hecho plena, íntegramente problemático; ya *no* sabe lo que es, pero *sabe* que no lo sabe."

A tal efecto, dice Scheler, habría que hacer *tabula rasa* de todas las tradiciones de ideas sobre el hombre para arribar a una nueva concepción. ¿Pero sabe el autor que "acaso sea éste el problema en que las categorías tradicionales nos dominan más enérgica e inconscientemente?".

Sólo que Scheler aún no podía liberarse de la tradición cartesiana que juega primero a la duda y luego re-compone el sistema des-compuesto.

Scheler arriba a un no-saber, y después se lanza a un nuevo saber. A fines del siglo XX ya sabemos que el juego es otro: *nunca saber*. No es una nueva idea del hombre la que tenemos que establecer. Más bien hemos de velar por la virginidad de la *no-idea*.

El hombre, lo dijimos, no existe. *El hombre* es una abstracción, una entelequia, y todo lo que de él se diga en términos de ley universal es constantemente refutado por la realidad.

De eso cabe liberarse, del saber que codifica una ideología en cuyo nombre ora se salvan almas, ora se incineran cuerpos. El saber ha producido "flores del mal".

Es tiempo de desecharlo.

Más vale arrimarse al árbol de la vida dentro de un Orden Convergente que nos condiciona a todos, pero *ejerciendo* la divergencia de cada uno.

Pensamos *porque* no-sabemos.
Pensamos *porque* sí-sabemos cuánto de nuestra existencia es
—im-pensado
—pre-pensado
—com-pensado

"Para nuestros mayores —repetimos— la poesía fue un objeto de lujo, pero para nosotros es un artículo de primera necesidad, no podemos vivir sin poesía."

LA SED DE LOS CABALLOS

Célestin Freinet, uno de los grandes de la pedagogía francesa, compuso esta parábola:

"El joven ciudadano quería ser útil en la granja donde se albergaba:
—Antes de llevar el caballo a los campos —se dijo— voy a darle de beber…"

Aquí se desata el gran drama. El caballo no quiere beber. El ciudadano recurre a múltiples artimañas, pero sin resultado. Un trabajador de la zona lo detiene y le dice:

—¿Crees que es así como se trata a un caballo? Es menos tonto que un hombre… No tiene sed. Lo matarías pero no le harías beber. Tal vez lo simule; pero el agua que haya tragado te la vomitará. ¡Trabajo perdido, viejo!"

La parábola es transparente.
Freinet la comenta.

"Uno se equivoca siempre cuando pretende cambiar el orden de las cosas y hacer beber a quien no tiene sed… Educadores, estáis en una encrucijada. No os obstinéis en una pedagogía del caballo que no tiene sed."[98]

La de los caballos es bien clara. Veamos ahora la de los hombres.
Los hombres a veces tienen sed. También beben en una fiesta

[98] Célestin Freinet, *Parábolas para una pedagogía popular,* trad. Elisenda Guarro, Ed. Planeta, Barcelona, 1986, págs. 20-21.

168

porque deben beber, porque se estila beber, porque los otros imponen el beber, aunque no tengan sed. Además no siempre cuando tienen sed beben lo más adecuado para calmar la sed. Las gaseosas edulcoradas, por ejemplo, no son ideales. Mejor será el agua. Pero yo he aprendido a calmar mi sed con agua gasificada.

Todo este breviario de variaciones en torno a la sed sugiere que el tema no es tan simple.

La parábola es bellísima, y aplaudimos de inmediato la idea en ella implícita: respetar la sed, cuando la hay; no satisfacer la sed inexistente. Ser naturales.

Pero eso es lo imposible: ser naturales.

No hay naturaleza humana, salvo un bagaje de naturaleza biológica innata que traemos al nacer. El resto es historia. Invento. Imaginación. Que inclusive desnaturalizan la naturaleza involucrada en el bagaje genético.

Las necesidades impuestas superan a las necesidades naturales.

El cosmético, en orden de prioridades, puede ser mucho más perentorio que el alimento. *Statu* obliga. La historieta que muestra a un hombre enfrascado en la contemplación de un partido de fútbol televisado y junto a él una mujer necesitada de amor es descripción corriente de la vida corriente. Pueden invertirse las imágenes: ella poniéndose ruleros y él desesperado por acariciarla.

Nada hay natural en el entorno humano. Sólo Cultura. Constructos. Fantasías.

A medida que ese orden crece y se desarrolla re-incide sobre su ordenador, el hombre.

Mientras el hombre hace el mundo, el mundo va haciendo al hombre.

Uno no tiene sino la sed que le enseñaron a tener. El otro, la cultura, la sociedad, la historia, el grupo.

Freinet usa la famosa metáfora agrícola:

"El fruto será lo que el suelo, la raíz, el aire y la hoja le habrán hecho. Es a ellos a quienes se debe mejorar si se quiere enriquecer y asegurar la cosecha."

Aquí se da por supuesto un axioma naturalista acerca de la bondad esencial de ese árbol o planta que se cultiva, el hombre. El hombre es naturalmente bueno, inteligente... capaz de gran-

169

des cosas. El medio debe cultivar y desarrollar sus potencias naturalmente positivas.

Sólo Karl Marx logró avistar que sujeto y objeto, creador y creatura, hombre y mundo, están intercondicionados:

"La teoría materialista de que los hombres son producto de circunstancias y de la educación... olvida que son los hombres, precisamente, los que hacen que cambien las circunstancias y que el propio educador necesita ser educado."[99]

En la tercera de las *Tesis sobre Feuerbach,* en efecto, entiende por revolución la modificación coincidente de "las circunstancias y de la actividad humana".

De todos modos la revolución no será un "retorno a la naturaleza". Cambiará un grupo de necesidades por otro; un sistema de valores por otro. Una sed por otra sed. Un líquido, por otro líquido. Un saber por otro saber.

La nueva pedagogía preconiza, como Freinet, el respeto al niño. ¿El niño?

El niño no existe, como no existe el hombre, como no existe la mujer.

Está por cierto, el ser llamado humano en la escala animal, de cierta edad, de cierto sexo, y sus engramas biológicos.

No más.

A partir de ahí el niño es aquello que se dice que el niño es.

Otrora, alegan los defensores del nuevo niño, el pequeño humano era tratado como semilla del ser humano mayor, y en función de lo que se esperaba de él que fuera cuando creciera. Se lo preparaba para la vida. Era un ensayo de hombre. Un anticipo. Un prólogo.

Ahora no. Ahora es niño en plenitud de niñez. Así queremos respetarlo.

Pero una vez lanzados al respeto del niño le cantamos versos de María Elena Walsh, le compramos juegos psicodidácticos, lo ponemos frente a un televisor con los Muppetts, le hacemos beber gaseosas, le confeccionamos bonetes y le festejamos el cumpleaños con amiguitos y un animador y le enseñamos a apagar velitas y le colgamos cosas encima de su camita...

[99] Karl Marx, *Tesis sobre Feuerbach,* trad. Julio Vera, Ediciones Caldén, Bs. As., 1969.

¿ESTO ES EL NIÑO Y SUS NECESIDADES NATURALES?

¿Esto es respetarlo?

Cuando digo que la sed la tienen solamente los caballos, y que la metáfora no nos sirve, es porque en los hombres los valores provienen de la cultura y no de la fisiología.

Es obvio que uso el término "sed" en sentido amplio de NECESIDAD.

El niño no existe. De modo que no hay manera de respetarlo. Tampoco hay forma de esperar que tenga sed, que manifieste sus necesidades, ya que están, son desde temprano las necesidades por nosotros cultivadas, implantadas, sostenidas.

Nuestras creencias no son particularmente malas ni peores de las sustentadas por generaciones pasadas.

No todo tiempo pasado fue peor. Somos idénticamente caprichosos y castradores.

Antes les metíamos en la cabeza pedazos de latín. Hoy les incrustamos conejitos, tortugas.

Ni respetábamos, ni respetamos.

Actualmente la dignidad del hombre puede residir únicamente en la conciencia que tome de sus creencias, de la aplicación que hace de ellas, y de su saber que su saber es mera convicción y decisión, y tiene toda la validez relativa que un grupo humano puede acordarle, con el total derecho de otro grupo humano a discrepar de él, el derecho a la *divergencia*.

Creo, por lo tanto crees.

Emilia Ferreiro analiza los libros de lectura que solemos darles a los chicos que tanto respetamos. ¿Qué hay en ellos? Hay ciudades, casas. ¿De quién son esas casas? De la gente bien, que gana bien, que tiene hermosas casas o departamentos, salón comedor, dormitorios, baños, sanitarios, cocinas con azulejos. ¿Y quién estudia en estos libros? ¿Solamente los niños que habitan en esas casas? ¡No! ¡Esa es la tragedia!

"Esta lección está dirigida a niños que en su mayoría viven en villas miseria, en casas de construcción precaria, donde una sola habitación cumple con todas las funciones. Entonces, en realidad se trata de una lección bien diferente: se les está enseñando a esos niños que lo que ellos tienen no es realmente una casa; creían tenerla —casa al fin, aunque diferente de otras— pero en la escuela aprenderán que no es así."[100]

---

[100] Emilia Ferreiro, Ana Teberosky, *Los sistemas de escritura en el desarrollo del niño*, Ed. Siglo XXI, Bs. As.,1985, pág. 316.

Esta acotación de Ferreiro me parece sumamente incisiva.
Pero detengámonos a analizar el análisis.
Seamos socráticos. Practiquemos un diálogo imaginario:

—*Las casas de los ricos enseñan a los pobres que lo que ellos tienen no son casas.*
—*¿Y qué deberíamos hacer en consecuencia?*
—*Componer libros donde se vean las variedades de clases sociales que existen y las casas que corresponden a cada clase social.*
—*¿No hay otra solución? La anterior no remedia nada. Si veo una casa hermosa y al lado veo una casa deplorable, entiendo que la mía es deplorable y me desmorono.*
—*Habría otra solución: que cada clase social produzca el material didáctico que más le conviene. Los de Barrio Norte, tendrán libros con casas hermosas. Los de Villa Miseria, libros con casas de adobe y latas.*
—*¿Y qué se lograría?*
—*Que cada uno estuviera contento con lo suyo.*
—*¿Y eso es lo que anhelamos?*
—*No, no es eso, pero los textos no deben reflejar los intereses de la clase dominante.*
—*Eso es imposible. Los textos siempre reflejan los intereses de alguien. Incluso* El Pato Donald.
—*¿Y vos qué proponés?*
—*Mirá, propongo que los chicos de Villa Miseria sigan estudiando en esos libros de las casas hermosas.*
—*¿Y qué ganás?*
—*Que se enteren de la verdad del mundo, que las suyas son chozas y las otras son casas...*
—*Eso es sadismo gratuito...*
—*Quizá. Pero la educación, socráticamente hablando, es el arte de mantener al educando despierto, aunque duela hoy. Para que se rebele mañana.*

Esto es apenas un juego de reflexión. Cualquier encallamiento de la verdad en temas humanos es peligroso. Emilia Ferreiro tiene razón. Emilia Ferreiro no tiene razón.

La verdad, en cosas del hombre, es dramática. Por eso nació como diálogo. Las composiciones socráticas compuestas por Platón son constantes ejercicios de la reflexión. El punto de vista opuesto está ahí y en cualquier momento puede ser protagonista. Las frases se mitigan con frases de antítesis. Sin síntesis. En el drama no hay síntesis. Baja el telón pero nada ha concluido.

¿Enseñar a pensar?

Correcto. Pero, ¿a quién?

¿Al que ya ha comido o al que tiene hambre?

¿Enseñarles lo mismo?

El citado Freinet usa una hermosa frase de Victor Hugo:

"Las águilas no necesitan escaleras."

¿Qué significa? Que hay que enseñar a volar. Que no hay que enseñar a subir un peldaño detrás de otro y que el educando se queda adherido *ad aeternitatem* a los peldaños, a la escalera, porque así nunca remontará vuelo.

Hermosa idea. Heroica.

Pero, querido Freinet, ¿pueden todos realmente ser águilas?

¿O solamente las alumnas de Isadora Duncan?

¿O solamente los bien nutridos y bien subidos en escaleras, chicos de Barrio Norte?

La gris realidad indica que la mayoría de los seres humanos no alcanzan a subir las escaleras. ¿Cómo hablar de ellos en términos de águilas? ¿Cómo pretenden efectivizar el eslogan de "aprender a pensar", cuando la mayoría de la humanidad desde que nace hasta que muere tiene para pensar un único tema, cómo sobrevivir, cómo comer, cómo vestirse, cómo lograr y conservar un techo?

La sed no existe. Mi sed no es tu sed. Los que realmente tienen sed no reciben el suave néctar de la educación.

La ironía es nuestra madre mayor, y nunca nos abandona.

Por suerte no somos caballos.

Por desgracia carecemos de la pura, auténtica, limpia y acrisolada sed de los caballos.

FREUD, PLUTARCO Y ABDERRAHMAN

"El ciudadano individual comprueba con espanto en esta guerra algo que ya vislumbró en la paz: comprueba que el Estado ha prohibido al individuo la injusticia no porque quisiera abolirla sino porque pretendía monopolizarla, como el tabaco y la sal. El Estado combatiente se permite todas las injusticias y todas las violencias que deshonrarían al individuo."

Esto lo escribió un hombre llamado Sigmund Freud en 1915.[101] Así no somos. Pero es cierto que así nos educamos.

Ese estado omnipotente y creador de una moral propia, de un SÍ MATARÁS legítimo y santo, nos gusta, porque nos protege, porque nos dis-pensa de pensar. Nos autoriza momentos de santa y devota dependencia bajo la bandera de La Patria.

Un individuo, Jack Reed, "hubiera querido vivir en un tonel y escribir versos…". Pero estalló la guerra. "La guerra fue una ráfaga que apagó todas las linternas de Diógenes." Jack Reed fue reportero de guerra. Aprendió a amar la guerra, en estado de pureza, sin bandos, con cualquier bando, la guerra esencial, en cualquier color. "Estaba con los muchachos que volaban hechos polvo, con los alemanes, los franceses, los rusos, los búlgaros, los siete sastrecitos del gueto de Salónica."[102]

¿Por qué la guerra?

Freud no sabe responder a esa pregunta. Podrían aducirse mil motivos, y desde mil ángulos dispares. No sé si el pedagógi-

---

[101] Sigmund Freud, "La guerra y la muerte", en *El malestar en la cultura,* trad. L. L. Ballesteros y Torres, Ed. Alianza, Madrid, 1970.

[102] John Dos Passos, *La primera catástrofe,* trad. Max Dickmann, Ed. Planeta, Bs. As., 1977, págs. 15-16.

174

co es el fundamental, pero *es*: toda la educación, formal, informal, callejera, política, democrática, hogareña, religiosa estimula el cultivo de la lucha, la superación y la predisposición a eliminar al enemigo.

¿Por qué?

Porque el Estado, todo Estado, para estar *debe* mantener viva la prometeica llama del *nosotros* que sólo un *vosotros* real o eventual, pero enemigo, puede alimentar.

En términos más claros: el dogma, la verdad excluyente.

¿Y quién la sostiene?

El Estado. El poder. El único que puede.

Bueno es retroceder en este punto al 14 de julio de 1883. Entremos en la Cámara de Diputados. Se está discutiendo la Ley de Educación, esa que tendrá el número 1420.

El tema es la religión. Los bandos se polarizan. Atendamos a Manuel Lugones:

> "Si para enseñar la moral hemos de rechazar la autoridad de la religión, ¿cómo se ha de enseñar la moral en las escuelas? ¿Por la autoridad del maestro? ¿Y cuál es la autoridad del maestro? ¡La autoridad del señor ministro de Culto que lo nombra! Allí está su verdadero origen, allí hemos de ir a dar..."[103]

El razonamiento de Lugones es implacable. Todos concuerdan en que hay que enseñar moral. ¿Qué moral? ¿La moral de quién? ¿Y quién garantiza a esa moral?

El maestro. A su vez autorizado por el ministro. Y al ministro de Educación y Culto, ¿quién lo autoriza? Esto se parece al juego del "Gran Bonete", pero es un juego muy serio, de severidad lógica inapelable. El ministro es parte de un gobierno. El Gobierno habla en nombre de la Razón. *Ergo...*

> "Entonces es indudable que el Gobierno es el que ha de fijar las verdades a las cuales alcanza la razón humana por sí sola. Ha de fijar el Gobierno cuáles son los límites de la inteligencia humana."

[103] El discurso lo pronunció Manuel Lugones en la Cámara de Diputados durante el debate de la que habría de ser la ley 1420, en la sesión extraordinaria del 14 de julio de 1883.

El planteo es de orden epistemológico. Uno dice la "razón". Otro dice la "inteligencia". Son los elementos que —así se creía entonces...— nos tipifican en calidad de humanos y permiten que rescindamos cualquier contrato con autoridades extra y superhumanas, como Dios, la Religión, y adyacentes. Ahora bien, esa razón —sigue Lugones— tiene sus límites. ¿Quién los establece? El Gobierno.

El Gobierno-Estado es la razón suficiente, es toda razón, y reemplaza a Dios en calidad de Todo-Poderoso. Él decide cuándo se mata, a quién se mata, y cuán bueno y virtuoso es matar a quien el Gobierno designa como *moriturus*, la víctima.

¿Qué le respondería usted a Lugones, desde una actitud no-religiosa pero tampoco de ciego positivismo?

Lugones sugería que entre la verdad del Gobierno de turno y la verdad de las Santas Escrituras, él prefería el mito religioso.

Lo de "mito" es transcripción personal nuestra e intenta susurrar que toda verdad con aire de autoridad indudable es parte de un discurso mitológico al cual adherimos.

En términos de James o de Mill diríamos: quedémonos con el mito que mejor nos hace, que más nos sirve.

Pero los mitos nunca hacen bien, precisamente por esa autoridad indudable y deificada que esgrimen: son intolerantes, celosos, igual que el Jehová en los Diez Mandamientos.

En consecuencia la educación de la libertad se reduce a una toma de conciencia de los mitos vigentes no para elegir el mejor, sino para crear un espacio residual, que llamamos "libertad", donde los mitos se juegan entre las personas, tipo partidas de ajedrez, sin mayores consecuencias que el mero placer de intercambiar piezas, jaques, y sin posibilidades de mate; partidas gratas, y eternamente suspendidas...

La contradicción es mala para la lógica. Pero en el terreno de la vida es urdimbre y textura de nuestros días, de nuestras relaciones. El ser que no somos, pero que creemos que somos, se enmaraña en dimensiones esquizoides y al no entenderse consigo mismo en la plenitud de toda su verdad, es decir de su no-verdad, se enoja porque "la humedad es lo que mata" y "cada día hay menos comunicación".

Los que entran a ver ópera en el Teatro Colón con ojotas y camisetas pintadas y pelambre gótica son tan inauténticos como el señor ese de traje y corbata al tono, más camisa con marca bordada y medias de calidad óptima.

Esas son las verdades que nos interesa aprender y ejercitar. Si se trata de un juego, viva el juego y el buen humor. Si se trata de ideas en oposición, vivan Beckett, Ionesco, Jardiel Poncela y el láser.

No obstante algunas buenas costumbres podríamos conservar. Por ejemplo la que cita Plutarco en *El banquete de los seis sabios*:

"Es costumbre de los egipcios poner en los festines una momia, para que los invitados recuerden que en un tiempo próximo serán como ella."

No era mala idea.

Lo que no cuenta Plutarco es que al institucionalizarse esa costumbre todos se olvidaron de ese SIGNIFICADO, y el significante quedó ahí perdido entre tantos objetos decorativos.

Pero dejemos hablar a Plutarco:

"Si bien es cierto que es costumbre un tanto desagradable e inconveniente, también es evidente que tiene alguna utilidad, en el supuesto de que impulse a los comensales, no sólo a beber y a gozar, sino, y en mayor grado, a cultivar la amistad y el afecto mutuos y a procurar que esta vida, de suyo tan breve, no se haga interminable a causa de los males que se infieren los unos a los otros."

Si uno recuerda que ha de morir, aprenderá a vivir.
Pero es inútil.
Serpiente dijo "seréis como dioses".
Y lo tomamos en serio.
El principio moral más internacional, y más practicado, dice algo así como: "Por el bien de futuras generaciones vale la pena sacrificar…"
Ese altruismo…
Sí, será difícil espantar a nadie con momias, y convencerlo de su propia condición mortal y de las pocas garantías que hay en la relación causa-efecto entre genocidios de hoy y felicidades de mañana.

Mas podría aplicarse otro método desengañador sencillo y tal vez eficiente, en el reino de tanta desesperada utopía. Consistiría en obsequiarle a cada jovencito en edad de pensar y escribir un "diario íntimo" donde se limitara a escribir los días *realmente felices* de su vida.

Conozco a una persona que hizo este ejercicio.

Fue el califa Abderrahman III, en Córdoba, muerto en el año 961.

De sus memorias queda un párrafo digno de atención:

"He reinado más de cincuenta años, en victoria o paz.

Amado por mis súbditos, temido por mis enemigos y respetado por mis aliados.

Riquezas y honores, poder y placeres, aguardaron mi llamada para acudir de inmediato. No existe terrena bendición que me haya sido esquiva. En esta situación he anotado diligentemente los días de pura y auténtica felicidad que he disfrutado: suman catorce."

Abderrahman III funcionó en concordancia con el lema "seréis como dioses".

Inclusive esos catorce días robados al miedo, la angustia, el ataque, la envidia, los celos, el miedo, la grandeza, el poder, la angustia, esos catorce días rescatados de la "carrera" existencial nos dejan pasmados.

Catorce días en su vida fue libre Abderrahman III de Abderrahman III.

INFERENCIAS DEL "GALILEO" DE BRECHT

Nuestras verdades si no son dramáticas, puestas en escena, compartidas con otros seres que con-forman mi ser, son inútiles. Las verdades más perfectas, según se sabe, las más inmaculadas son las matemáticas, es decir las más inútiles.

Galileo no lucha por la verdad. Galileo lucha por Galileo. Esa esencia dramática fue plasmada magníficamente por Bertolt Brecht.

Galileo existe, por lo tanto piensa. Para defender su existencia. Dentro de su existencia hay un tema que es "la verdad". Pero vale en cuanto involucra a su persona. Galileo se libera del Orden imperante y por boca de Brecht habla así:

> "La Tierra rueda alegremente alrededor del Sol y las pescaderas, los comerciantes, los príncipes y los cardenales y hasta el mismo Papa ruedan con ella. El universo entero ha perdido de la noche a la mañana su centro, y al amanecer tenía miles, de modo que ahora cada uno y ninguno será ese centro."[104]

Este lenguaje de Brecht que se deja arrebatar por la metáfora de la rotación y los ejes.

Ya no hay más ejes. Cualquiera puede ser eje. Por tanto cualquiera *no es* eje, nadie lo es, la autoridad es relativa y pasajera. Eso dice el mensaje. El astronómico, el cósmico, y su aplicación ética a lo humano.

Cualquiera es centro = nadie es centro.

Detrás de ese mensaje de Galileo-Brecht se oculta una carta.

---

[104] Bertolt Brecht, *Galileo Galilei,* trad. Osvaldo Bayer, Ed. Nueva Visión, Bs. As., 1984.

Porque Galileo cambia un Orden por Otro orden. La autoridad ya no la tiene el Papa en materia científica. La tiene ahora Galileo.

Galileo lucha por *su* autoridad a través y en ocasión de la verdad. Y también Brecht propende por *otro* Orden, no el de Arriba, sino el de Abajo. Orden al fin, jerarquía al fin. Pirámide invertida, pero muy regular, muy geométrica.

De todos modos la proeza de Brecht consiste en dramatizar la verdad, ponerla en el oleaje del juego escénico donde intereses y pasiones se cruzan con razonamientos. Su Galileo no es un mártir del espíritu ni de la ciencia. Es un hombre, todo un hombre, ambiguo y contradictorio, como todo un hombre debe ser cuando es. Sensual, esclavo de su piel, de su vientre, de su biología, de su animalidad. A conciencia. A voluntad. Le gusta vivir.

Pensar es parte del vivir. Tener poder es parte de ese vivir. El hombre todo. Es decir contradictorio, si se lo mide con varas de lógica inmutable. No cree en la muerte como redención y altar. Cree solamente en la vida. La vida es placer. La verdad es placer. Tan sensual como el amor carnal.

"Amigo mío —dice Galileo— necesito tranquilidad. Y también la olla llena."

Aprender a pensar —dicen los pedagogos.

Galileo responde: primero aprender a comer. Si no, no se piensa. O se piensa mal, muy mal.

Si el Papa se somete a Galileo no lo hace por respeto a la verdad.

Galileo no sólo piensa y descubre verdades sino domina el arte maquiavélico de construir entornos políticos que le sean favorables. Las verdades nacen en los laboratorios pero también morirían en las mismas probetas si no estuvieran luego sostenidas en marcos de poder.

Dependen de gobiernos o sub-gobiernos. Y a éstos respeta el Papa, quien confiesa:

"Al y al cabo el hombre es el físico más grande de esta época… y tiene amigos: ahí está Versalles, ahí está la corte de Viena…"

Quien haya pronunciado la frase *amicus Plato, magis amica veritas* (Platón es mi amigo, pero más amiga es la verdad), dijo bien, pero lo dijo al revés: primero corresponde tener una verdad amiga, luego más vale buscarse AMIGOS que nada tienen que ver con la verdad pero que disponen de poder para imponer la verdad.

Galileo no quiere pensar; quiere vivir, disfrutar. En esa dimensión lo reconoce el Papa. En todo caso *ése es el pecado de Galileo:* no su pasión por la verdad, sino la verdad de todo su ser pasional:

"Galileo conoce más placeres que cualquier otro. Piensa de puro sensualismo. No podría negarse a un nuevo pensamiento ni a un viejo vino..."

Paul Feyerabend comenta estas situaciones y las resume así:

"El Galileo de Brecht no es un profesional. El hecho de que tiene ideas y que puede apoyarlas por medio de razonamientos es la cosa menos importante en él. Lo que le interesa al escritor es que Galileo es un *nuevo tipo de pensador,* que es un hombre antes de un "científico instruido". (…) El pensamiento según se muestra ha dejado la universidad y el monasterio y se ha convertido en parte de la vida diaria."[105]

Ahora bien, si el pensamiento es parte de la vida, cae imprevistamente con toda su pureza lógica dentro de un sistema translógico, o de lógica dramática que en principio desconoce todo principio lógico, sobre todo el de no contradicción y el del tercero excluido.

Galileo "comienza" apasionado por la verdad. Concluye apasionado por sí mismo. Primero el origen fue la curiosidad. Ahora "su origen casi parece ser el deseo de dominar, no por el poder físico, no por el miedo, sino mediante el mucho más sutil y vicioso poder de la verdad. Y su función: satisfacer la voracidad intelectual de sus seguidores y mantenerlos cerca de él. (Los políticos necesitan nuevas guerras, y los científicos nuevos descubrimientos para evitar que sus soldados se tornen descontentos.)"[106]

Humano, demasiado humano.

[105] Paul Feyerabend, "Hagamos más cine", en *La lechuza de Minerva,* Ed. Cátedra, Madrid, 1979, pág. 206.
[106] *Ibídem,* pág. 207.

Galileo le enseñaba a pensar al joven Andrea. En su casa, en la calle.

En el diálogo. En la réplica. En el afecto. En el resentimiento. Con palabras, con silencios, con gestos, con miradas.

Lo que hacía Sócrates.

Sólo que entre Sócrates y Galileo pasaron largas centurias.

Sócrates creía que valía la pena morir por la verdad. Galileo cree que vale la pena vivir por la verdad. O, en términos más escuetos: vale la pena vivir. Y vivir bien. Placenteramente. La verdad es un placer. A tal efecto, según Galileo-Brecht, la revolución del orden cósmico debe proyectarse a los temas humanos cotidianos.

Si ahí nada cambia, lo mismo da que la Tiera se mueva alrededor del Sol o el Sol alrededor de la Tierra.

Atenas vs. Sócrates

Platón, uno de los grandes incomprendidos en la historia universal, hizo dos grandes propuestas burlonas, sardónicas:

—Los gobernantes deben ser filósofos.
—Hay que expulsar a la poesía de la República.

Yo creo que compuso *La República* para vengar la muerte de su maestro, Sócrates.

No obstante cabe reconocer que *una* revolución se produjo desde Atenas hasta el Estado ultramoderno. Atenas le temía a Sócrates. El Estado ultramoderno ya no les teme a los que piensan por cuenta propia. Los absorbe tranquilamente.

Cultura y contracultura se llevan de la mano; la Reina de Inglaterra y los movimientos *punk* coexisten pacíficamente. Los disidentes forman parte del circo. Así como los centenares de *muertos previstos* forman parte del Carnaval de Río. Los versos de Fijman y el arte de Warhol no molestan a nadie.

Atenas tenía razón: Sócrates corrompía a la juventud. Sócrates "no cree en los dioses" en que creen todos, los de turno. Era un desestabilizador.

Hoy pasaría inadvertido junto con las obras completas de Cioran.

Atenas era joven. Le temía. Aún no sabía que cuando los rebeldes usan *jeans* la mejor manera de anularlos es popularizar los *jeans*. Atenas no sabía de sí misma lo que Sócrates sabía, según declara en la famosa *Apología*:

"En la medida en que son ambiciosos y son muchos e impetuosos, hablando de mí enérgicamente y con persuasión, les han llenado a ustedes los oídos y desde hace tiempo hasta ahora han forjado una falsa idea de mí."[107]

---

[107] Platón, *Apología de Sócrates*, 23ª.

Atenas no sabía cuán todopoderosa era Atenas.

Lo sabe Sócrates que se ha tomado la molestia de pensar.

¿Qué sabe?

El poder del Estado. Tiene en sus manos los medios de difusión, divulgación y adoctrinamiento. Domina a las masas de tanto repetirles lo mismo diariamente. Es el dueño de la Propaganda. Dios Supremo de la Verdad.

Son muchos.

Son impetuosos.

Hablan enérgicamente.

Hablan con persuasión.

Hablan. Hablan. Repiten. Dicen. Hablan.

Es el mínimo reflejo condicionado al estilo de Pavlov que todo Estado ejerce sobre su pueblo.

Les llenan los oídos.

Desde hace tiempo.

Forjan falsas ideas.

Y usted cree que piensa.

Y usted cree que lo que piensa es pensado por usted.

Usted condena hoy a Sócrates, mañana a Pérez, y cree que es usted quien realmente juzga con juicio propio y libertad de reflexión.

Seguramente hasta los discípulos de Sócrates terminaron convencidos de que su maestro era un funesto corruptor.

Les llenan los oídos.

Forjan falsas ideas.

De aquí se infiere inmediatamente una definición de qué sería o debería ser la educación, *via negationis*:

La educación *no* es propaganda.

La educación *no* llena los oídos.

La educación *no* vende ideas forjadas.

En cambio:

Pone en duda *toda* idea
y procura que ninguna idea
sea divinizada.

¿Por qué? ¿Para qué?

Para evitar la muerte de Sócrates, de Giordano Bruno, de mi amigo el desaparecido, de mi vecino masacrado en Malvinas, de mí mismo que en cualquier momento puedo ser agarrotado por gritar "gol" en una tribuna enemiga.

Cuenta J. Bruner que su hijita admiraba profundamente a un gran patinador que realizaba en su arte proezas "increíbles".

La niña logró dialogar con ese genio y le preguntó:

—¿Cómo hace usted esas maravillas?

—Entrenándome, entrenándome, entrenándome —respondió el ídolo.

LAS TRIBULACIONES DE ROGER MOFETA

En el bosque había un animalito llamado Roger Mofeta. Tenía un olor muy especial que los otros animales repudiaban.

Ahí viene Roger Mofeta —gritaban— y se escapaban despavoridos.

Roger se quedaba solo, y lloraba.

Un día fue a consultar al Búho. Éste le sugirió que viera al mago. —¿Cuál es tu problema? —preguntó el mago.

—Roger lo contó.

—¿Qué olor prefieres? —inquirió el mago.

—Olor a rosas —dijo el animalito.

El mago lo rozó con su varita, pronunció misteriosas palabras. Repentinamente Roger estaba cubierto de olor a rosas.

El animal ahora dichoso corrió a casa. Mamá salió a su encuentro, lo olió y dijo:

—¿Qué olor tan repelente es ése?

—Soy yo, mamá, huelo como las rosas.

—¿Quién te hizo ese olor?

—El mago.

—El mago es un perverso. Iremos a verlo para que te devuelva tu olor original.

El animalito se puso a llorar larga y amargamente. Le explicó a mamá el motivo de su transformación, todos sus sufrimientos, la marginación que sufría en rueda de compañeros.

Fue en vano. Mamá lo arrastró a la casa del mago. Y el mago se vio obligado a devolverle a Roger su primer olor.

Mamá era ahora feliz. Abrazó a su hijo y lo quiso mucho. Roger, en cambio, no era feliz. Volvió al bosque. Con el tiempo los animalitos se fueron acostumbrando a él y a su olor y dejaron de rechazarlo. Y todo terminó bien.

El cuento pertenece a la encomiable pluma de John Updike, y nosotros ofrecimos un escueto resumen de él.

186

El nombre del cuento es: *¿Debe mamá pegar al mago?*

Un interrogante. Una duda.

¿Hizo bien mamá?

El final del relato es feliz.

¿Realmente es un final feliz?

Sé que los cuentos han de ser disfrutados como cuentos y no extrapolados fuera de su estricto entorno literario. Pero lo nuestro no es cuento, es parábola.

Aquí se enfrentan las dramáticas posibilidades de ser-uno-mismo, con olor-propio y en consecuencia sufrir el desencanto de los otros, o ser como-los-otros y sufrir el desencanto del sí-mismo (la mamá).

Hay que elegir.

Roger quería el éxito social, y eligió.

La mamá quería a su hijo, en calidad de suyo, y eligió.

En ambos casos un elemento es sacrificado. Elegir es sacrificar.

El cuento provoca múltiples reflexiones. Porque uno debe preguntarse en qué medida el olor-propio-mofeta es verdaderamente propio, y si por ser propio ha de ser considerado valioso.

Pensar es liberarse. Y liberarse es una acción que no enfrenta exclusivamente al otro de afuera, sino también al otro de adentro dentro de uno, ese que funciona como intocable y nos maneja desde el fondo del ser uno individual, comunitario, nacional.

¿No es el egoísmo de mamá el que impide todo cambio en su hijo?

No sabemos.

No hay respuesta *a priori*. Cada caso merece su enfoque específico.

En la vida real los polos no están furiosamente contrapuestos, a menos que intereses de poder los manejen con premeditación alevosa.

En la vida real la "chacarera" no excluye a la "quinta de Beethoven", ni Bernard Shaw reclama la supresión de Discépolo, ni Quinquela Martín pretende que se borre el nombre de Rembrandt.

Volviendo a Roger: a él *le imponen* primero un olor, luego otro olor.

Roger nunca elige.

Lo propio resulta tan coercitivo como lo ajeno.

Si se pretende hablar de la libertad, todo el discurso ha de girar previamente en torno a los determinismos varios que nos sellan durante toda la vida. El resto, si algo queda, es libertad.

No es Roger el discriminado. Es la serie de condicionamientos en él impresa, su barrio, su estatus, su familia, todo ése su "olor", los no queridos por otro grupo de seres.

Y dan ganas de susurrarle al oído:

"Hijo mío, el que nació para mofeta…"

La igualdad, la fraternidad son para aquellos que en verdad son iguales y pueden ser fraternos. Para *los otros,* son un sarcasmo.

Si la educación es igualmente gratuita y asequible para todo el mundo, en todos sus niveles, ¿por qué los hijos de ricos llegan más lejos que los hijos de los pobres? Porque los hijos de los pobres *no son iguales.* Porque desertan. Porque deben trabajar. Porque deben comer. Porque el que nace para mofeta… no se salva con declaraciones de principios de derechos humanos.

De lo cual se infiere: que la igualdad está exclusivamente al servicio de los des-iguales, los de arriba.

La educación libre y gratuita ayuda a… los que pueden pagar por la educación. Los programas escolares están confeccionados para ellos, no para los otros.

En el libro *La discriminación educativa en la Argentina* hace ver Cecilia Braslavsky:

"El sistema de educación formal ofrece peores condiciones para la distribución de habilidades instrumentales y conocimientos científicos en los segmentos para la población cuya vida extraescolar se desarrolla en el mundo laboral o en ámbitos de socialización familiar empobrecidos por la ausencia cotidiana de adultos significativos, la pobreza y otros factores".[108]

El hombre es su educación. Pero su educación no es suya. Es de mil accidentes e incidencias entre los cuales su persona queda existencialmente arrojada.

Lo que Braslavsky dice es que aunque enseñemos exactamente lo mismo a niños de Barrio Norte y a niños de Barrio Sur,

[108] Cecilia Braslavsky, *La discriminación educativa en la Argentina,* Grupo Editor Latinoamericano, Bs. As., 1985, pág. 145.

los del Norte aprenderán más que los del Sur, porque los primeros cuando salen de la escuela se encuentran con un contexto familiar-social rico en connotaciones culturales que refuerzan temas aprendidos en la escuela, mientras que los desprotegidos entre la escuela y el hogar van perdiendo en barriles agujereados ese caudal de instrucción recibido en el aula.

EDUCACIÓN = TEXTO Y CONTEXTO

La educación es confluencia de

TEXTO
CON-TEXTO

El "texto" es lo que sucede en el aula de clase.

El "con-texto" es el entorno vivencial, de veinticuatro horas al día, que rodea al educando y transforma a ese texto en materia de digestión fecunda y creativa o en elementos desechables.

De ahí que cuando se producen planteos de apariencia revolucionaria a nivel de ministerios de gobierno y altas entidades que prometen los grandes cambios en educación suelen fracasar en forma dolorosa. ¿Por qué? Porque solamente se fijan en el TEXTO.

Olvidan el CONTEXTO.

Si el cambio no involucra a todas las polaridades del proceso educativo, no se da. O se da mal.

Sólo Dios, según los creyentes, es capaz de declarar "Sea la Luz" y producir concomitantemente la luminosidad que supera a las tinieblas.

Los políticos caen en la ilusión magicista, amén de tomarse en serio eso de "seréis como dioses", y gritan, con las gesticulaciones del caso,

—¡Sea la educación!
—¡Sea la libertad!
—¡Sea la democracia!

y duermen, al menos en estos puntos, con la conciencia plenamente satisfecha de que han cumplido *ya* sus patrióticos objetivos.

190

Se ha dicho:

No hay enseñanza. Tan sólo hay aprendizaje.

Este axioma señala la ruda realidad de que todo lo que ocurre en materia educativa es que "alguien aprende algo", o no.

Del otro lado del horizonte están, es cierto, los planes de enseñanza, de instrucción, los programas, las técnicas, las metodologías, la formación de maestros, la organización, los esquemas, los textos, las jerarquías. Pero eso no es la educación. La educación es el resultado de todo eso, y el resultado es

APRENDIZAJE

A eso se limita el producto de todo un esfuerzo pedagógico.
El aprendizaje es imprevisible.
La enseñanza puede ser programada. Nunca el aprendizaje.

Porque es de cada individuo. Y cada individuo es de su trama genética, de su hogar, de sus conflictos, de su barrio, de su *status* socioeconómico, del sector de cultura que lo invade, de todo lo que tiene y de todo lo que no tiene.

En mi infancia, el contexto que me enmarcaba y marcaba era de Barrio Sur, y temas como historia y geografía no encontraban "en casa" apoyatura alguna. En cambio la lógica que, en principio es independiente del contexto social, me facilitaba el aprendizaje del latín, castellano, matemática. El aprendizaje, recapitulamos, depende de cada uno.

De las dependencias de cada uno.

El que planifica el TEXTO ha de estudiar tambien qué CONTEXTO lo absorberá y de qué manera se producirá la fecunda interrelación de ambos para dar lugar a un auténtico aprendizaje.

Yo le planifiqué a un alumno de secundaria, lecturas de Cortázar, Dalmiro Sáenz, Borges, Di Benedetto.

Siempre se defendió con consistencia y respeto. No leía.

Un día apareció leyendo Asimov y otros de ciencia-ficción.

Es evidente que tenía buena disposición para la lectura. Pero no para mis propuestas. *Otros textos* le eran necesarios. ¿Por qué? Porque esos textos responden a los *otros conceptos* que lo absorben y condicionan mucho más que el contexto de su hogar.

Hace una semana compré una oferta de dos libros por cinco pesos. Uno era de Robert Graves, *Los mitos griegos.* Hice la broma de dárselo.

—Tomá, mirá lo que te compré... —le dije al muchacho, y esperé que me tirara el libro al centro de la nuca.

Me equivoqué.

Le gustó. Lo está leyendo.

Sospecho que los héroes y dioses griegos se concatenan bien con el CONTEXTO de los héroes de las fantasías hoy vigentes. Cronos devorando a sus hijos puede ser una imagen muy "actual" en el contexto de significantes que rodea a los adolescentes a fines del siglo XX.

El TEXTO es una respuesta a un CONTEXTO.

No tiene valor propio. Hay una relación de dependencia. El CONTEXTO es el *Zeitgeist,* si se quiere. El espíritu del tiempo.

"Ya no se lee como antes", dicen.

Es cierto. Ya no se lee como antes. Se lee *otra cosa.* Se quiere leer, pero no ESO que yo considero importante. Hay algo en los nuevos autores e inclusive en ciertas historietas sofisticadas que "les habla".

María Montessori y toda esa vasta y variada pléyade de la "nueva escuela" sostenían que hay que observar al niño en su edad, en sus necesidades, y aprender de él, qué requiere, qué debemos proporcionarle. En términos de Freinet: cuál es su sed.

Hoy sostenemos lo mismo. Sólo con una acotación: observar y estudiar el contexto.

El contexto amplio y abarcador de la sociedad, su cultura, y los valores que los medios masivos de comunicación promueven.

Luego el contexto más restrictivo del *status* socio-económico, con sus subvalores.

Luego el contexto molecular de la familia inmediata.

La igualdad humana consiste *no* en darles a todos lo mismo, sino en considerar con respeto, con *el mismo respeto,* a cada uno en su contexto de *diferencia.*

Enseñar ecuaciones de segundo grado en Barrio Sur, *en principio* es burlarse de la igualdad, reírse de la humanidad, cimentar el fracaso y el resentimiento, educar contra el educando. No porque los chicos de Barrio Sur sean menos inteligentes que los de Barrio Norte y no sean capaces de digerir ecuaciones de segundo grado. De ninguna manera.

El drama consiste en el grotesco de proporcionar vestidos de seda para bailes imperiales a quien, *por de pronto* debe afrontar la apremiante "sed" de comer, vestir camiseta y preocuparse por el techo sobre su cabeza en noches de invierno y canículas veraniegas.

192

Sólo si se produce educación para el *vivere* podrá lograrse la igualdad del *philosophare* para todo el mundo.

La igualdad de los objetivos es factible de realización democrática sólo y tan sólo en cuanto se plantee en términos de desigualdad de los ordenamientos, prioridades en función de los contextos de cada cual, desde la perspectiva más personal hasta la configuración de sus necesidades de subsistencia más elementales.

CAPÍTULO VII

Cultura objetiva y cultura subjetiva

MIS PROBLEMAS CON MIS HIJOS

Tengo dos hijos.

La experiencia "cosechada" con el mayor siempre la quise invertir en el menor. Luego me despertaba y aprendía que obraba por inercia, es decir estúpidamente.

Los hijos son distintos. Pero no es eso lo esencial. *Los tiempos son diferentes* y los contextos incomparables.

El mayor, cuando ingresó en la universidad, un buen día se apareció con la nueva:

—Papá, no voy a estudiar más.

—¿Por qué?

—¿Y por qué tengo que estudiar?

Recuerdo la noche. Recuerdo el auto, la calle, la hora, la angustia, la perplejidad, la incertidumbre, las pasiones que se revolcaban las unas contra las otras arrojando consejos a raudales, y la mente que decía "tranquilo, mantén la calma, cuidado con la respuesta".

—"Si esta es tu decisión, dejá de estudiar" —atiné a responder.

Eludí la trampa de contestarle una frase hecha. Porque, en efecto, en ese momento no vislumbraba yo una defensa del estudio que fuera auténtica, irrefutable. No podía defender el valor de estudio en la sociedad actual. El bien sabía de la de-valuación de ese valor.

Además era un juego entre padre e hijo. Hijo rebelde.

Tuve suerte .

Jugué un pleno en el azar de la existencia. Pero si uno no se arriesga, no hay suerte posible. Hay que jugar-*se*.

Por unos meses dejó de estudiar. Luego resolvió volver al aula y concluyó holgadamente su licenciatura.

Años después descubrí la respuesta auténtica que podría haberle deslizado a mi hijo.

En términos breves, le diría así: El que estudia sabe; el que sabe tiene mayores oportunidades de *disfrute* en la vida. Esa, la libido del saber, que enarbolaba Galileo-Brecht. Puede ayudar a vivir. Puede enriquecer.

Nótese que la argumentación tiene como "originalidad" el hecho de eludir factores como "importante", "título", "reconocimiento social", "profesión", "ganarse la vida", "ser alguien", "tener cultura", etcétera.

Hoy, que ya creo conocer, por mí y para mí, para mis hijos, la respuesta, mi vástago menor, el adolescente, dispone de *otros planteamientos* hamletianos, y me fuerza a depositar en el altillo de los trastos viejos conceptos muy sustanciosos de tiempos atrás.

A los trece años (recuerdo el momento, la hora, el lugar, el día, la postura de su cuerpo, su imperturbable mirada, y mi angustia, mi vacilación, mi perplejidad), entre dimes y diretes se plantó y me dijo:

—¿Y por qué tengo que hacer yo lo que vos decís?

La primera respuesta archivada en la computadora de todos los tiempos, emergentes del cerebro reptílico, con irrigación de adrenalina a mares, era un amasijo de palabras sucias, gritos, condenas (¿se acuerdan de LA CONDENA de Franz Kafka?), que en su estilización más delicada se resumirían en: "Porque si no, te arranco la cabeza…"

Resistí todas las tentaciones ancestrales. *Realmente,* ¿por qué tenía que hacer lo que yo decía? ¿Porque tengo más experiencia? ¿Porque sé más que él? ¿Porque soy su padre?

Para mi hijo el adolescente no tenía respuesta.

Hice un esfuerzo titánico y me salvé en la balsa maltrecha del *Contrato Social* de Rousseau:

—Tenés razón. Hacé lo que quieras. Pero no te olvides: también yo haré lo que quiera cuando me pidas algo…

Por cierto no se trataba de un alto nivel dialógico. Al menos no lo engañé con vanas frases altisonantes. En cambio pretendí sugerirle que la vida en convivencia requiere que los unos atendamos a los deseos de los otros.

Eso lo entendió bien.

Con mi hijo mayor aprendí a renunciar a la categoría "ESTUDIAR ES UN GRAN VALOR HUMANO".

Con mi hijo menor aprendí a renunciar a la categoría "LA AUTORIDAD AUTOMÁTICA DE LOS PADRES ANTE SUS HIJOS".

Aprender es aprender a renunciar a saberes que la modificación de los contextos sociales o históricos transforman en in-competentes.

EL MECANISMO DE LA CULTURA

¿Qué es el contexto?

También se lo podría llamar orteguianamente "circumstantia".

El entorno. Todo lo que nos rodea. Y todo lo que nos rodea está humanizado.

Contexto es la totalidad de los valores en que estamos inmersos.

Su nombre más prolijamente científico sería CULTURA.

El cultivo que nos cultiva.

"Nada de lo humano me es ajeno" podría pasar como definición del humanismo, estampada otrora por Terencio.

Vista más de cerca es una tautología. Dice que yo soy igual a yo. Que todo lo mío me es humano. Que lo que me es ajeno es así porque no me es, porque no fue aún humanizado.

La ya vetusta fórmula de ser-en-el-mundo debe ser traducida a ser-en-la-cultura. Mundo es cultura.

La educación está al servicio del mundo-sociedad-cultura. Su función, *prima facie* es CONSERVAR. Es decir, sujetar. Es decir, no-liberar.

Dice Ralph Linton: "Las sociedades se perpetúan enseñando a los individuos de cada generación las pautas culturales referentes a la situación que es de esperar que tengan en la sociedad. Los nuevos miembros de la sociedad aprenden la forma de comportarse como maridos, jefes o artesanos... Sin la cultura no podría haber sistema social alguno de tipo humano..."[109]

El nacimiento es fruto de la gestación, *dentro* de un vientre. De ahí se pasa al vientre contextual-cultural que facilita el crecimiento.

[109] Ralph Linton, *Cultura y personalidad,* Ed. F.C.E., México, 1977, página 36.

Cuanto más estereotipado es el alimento cultural que absorbo, tanto más efectiva la cultura, y tanto más garantizado es el crecimiento del ente-socio-cultural.

Ese es el obvio terreno de mi no-libertad.

No obstante hay cambios. No obstante hay movilidad, dinámica, y las sociedades también ellas crecen y se modifican. ¿Por qué?

Porque hay "fallas", hay "fisuras" o "ineficiencia" en la programación cultural, y así pueden producirse residuos de espacios de libertad donde el individuo se zafa de lo general-universal y produce una nota propia, innovadora.

El mal de la cultura —la disidencia del individuo del grupo— es el bien de la cultura, el elemento que la salva de la petrificación arqueológica insertándola en marcos de vitalidad y vigencia.

Hablando del individuo creativo dice Linton:

"Sus predisposiciones personales no se revelarán mediante sus respuestas culturalmente modeladas, sino por sus desviaciones de la pauta cultural. Son las discrepancias, y no su conducta normal, lo que reviste interés para conocerlo como individuo."

Eso que llamamos divergencia.

Gide encontraba que las ramas de los otros árboles del bosque oprimen tanto que la única salida es... hacia arriba, la rama mística.

No hay más alternativa que *hacerse un espacio* dentro del reducido espacio que la presión cultural enmarca.

Pero el sello del espacio-propio no se dibuja con una rebelión institucionalizada, sino con una vigilia que suspende la pauta de "una rosa es una flor hermosa", "ayer naciste y morirás mañana...", para inaugurar la rosa por uno mismo descubierta, y que tal vez al ser traducida en palabras o en plástica o en mímica o en silencios no difiera de la rosa consagrada culturalmente, pero *será distinta,* del uno-mismo en contacto de yo-tú con la realidad. En la escolástica se apreciaba que el individuo *ineffabile est,* en cuanto evade la suma de las definiciones pre-establecidas que son el sostén de la cultura.

La cultura nos enseña a pensar, y nos enseña *qué* pensar, qué forma de pensamiento es plausible, y cuál merece ser desdeñada.

Hobbes definía de esta manera la libertad:

"Es un hombre libre quien en aquellas cosas de que es capaz

por su fuerza y por su ingenio, no está obstaculizado para hacer lo que desea" (*Leviatán* parte II, cap. XXI).

Pero lo que el hombre desea, *generalmente,* es lo que se le ha enseñado a desear. En consecuencia no es un deseo libre. Es un deseo programado, impreso por orden y arte de la cultura y la sociedad que la sostiene.

El camino de la libertad —ahora repetimos con Krishnamurti— pasa por el previo laberinto de la conciencia de la no-libertad.

Inclusive los más aparentemete libres, aquellos individuos que el consenso popular denominaría creadores, escritores, artistas, suelen estar sometidos al régimen de un estilo, de intereses creados, del gremio en cuestión, de las limitaciones de reglas de juego en cada caso.

El párrafo que sigue bien describe esta situación:

"Empresas poderosas de publicidad y de noticias sostienen la política de la literatura standard. Si el periodista tiene las ideas de la administración, ésta tiene las ideas de los anunciadores de página entera, que casi siempre coincide en el mismo universal sistema de la cadena, con lo que se lleva y se consume con mayor cantidad. Centenares de cerebros trabajan diariamente en la misma tarea, modelando y puliendo con arreglo a un canon periodístico del mayor consumo."[110]

Este texto corrosivo fue escrito en 1942, por un argentino, Ezequiel Martínez Estrada.

En 1942 se requería de ciertas dotes de capacidad analítica, observación sagaz y mirada profunda para "des-cubrir" eso que Martínez Estrada pone a la vista de todos. Hoy la evidencia es tan impúdica que ahoga todo grito, toda posibilidad de indignación siquiera. Los diarios cuentan lo mismo, comentan lo mismo, y traen notas firmadas que afirman lo mismo y que han contraído la rara habilidad de no decir nada con el mismo estilo elocuente. Mejor y más claro se ve en televisión.

Los diálogos, mesas redondas, entrevistas: los noticiarios. La uniformidad es apabullante. Recuerdo que un día los noticiarios decidieron memorar a Neruda. Pasé de un canal al otro. Todos

[110] Ezequiel Martínez Estrada, *Radiografía de la Pampa,* Ed. Losada, Bs. As., 1976, pág. 245.

citaron los *mismos* tres versos y leyeron la *misma* nota introductoria.

La cultura es confabulación.

Silenciosa. Tácita. Permite saber algunas verdades convencionales, irrebatibles por un tiempo. Permite, al menos en el terreno de esas verdades, conciliar el sueño. Todos sabemos con precisión qué película es genial, qué libro es "copante", y quién tiene la culpa de los males que le acaecen al país en distintos órdenes.

La cultura es la gran argamasa que permite comunicarnos en series automáticas del yo-ello, sin compromisos personales, de manera cómoda e intrascendente, con el compendio de frases-hechas y pensamientos-confeccionados que dispensan de pensar.

La cultura es el pre-supuesto de la comunicación.

Primero hay que decir nada, para poder arribar luego, sorpresivamente, al punto de poder decir algo.

Sin una plataforma de *lo mismo* la sociedad será imposible.

Sin el vislumbre de *lo otro* la humanidad sería imposible.

La aventura y el orden. El programa y la improvisación. El poder y la libertad. Yo-Ello y Yo-Tú.

Alternancias complementarias.

Un compañero de estudios en la universidad, de origen peruano, entró a trabajar en un Banco. A la semana estaba en la calle. Me explicó el motivo de su despido: redactaba solo, con estilo propio, las cartas que había que enviar a los clientes. De inocente que era, no de rebelde, ignoraba la existencia de fórmulas fijas pre-redactadas para cada caso, para cada problema. Esas fórmulas fijas, en efecto, facilitan la rápida expedición de cartas que apenas si deben ser llenadas con uno u otro guarismo, o firma. Al cliente le facilitan la tarea de recibir una carta y no tener que leerla; basta con "mirarla" y ya saber de qué trata.

La eficiencia es indispensable, e hicieron bien en echar a mi amigo, así como había que expulsar a la poesía de la República, según Platón.

El orden tiene su lógica propia, y no hay que contaminarla.

Bartleby el escribiente, de Melville, trastrocó al orden cuando en la oficina ideó una fórmula de respuesta completamente imprevista. Se le ordenaba o "sugería" algo, y él no contestaba "sí, señor", ni se negaba con un "no señor". Él decía: "Preferiría no hacerlo". El dueño de la oficina no estaba programado para ese tipo de respuesta y quedó todo trastornado.

Estos ejemplos señalan, precisamente, dónde *no* debería ejercerse la creatividad. Pero al mismo tiempo pueden inspirar espacios creativos fuera de la rutina, precisamente porque hay rutina, porque hay sectores de la existencia que requieren de la rutina perfecta para su mejor funcionamiento, precisamente por eso, *gracias a la rutina premeditada,* hay espacio en el espeso bosque para la premeditación de estar abierto hacia nuevas vivencias, en segmentos donde el sector público y la cultura vigente podrían ser desplazados por una determinación auténticamente crítica, personal.

Por eso cabe apostar a favor de "una educación que proporcione al niño fundamentalmente no conocimientos y seguridades, sino recursos, flexibilidad, curiosidad, habilidad y predisposición a aprender". Lo afirma John Holt en su libro *El fracaso de la escuela.*

Flexibilidad para estar *en* la cultura y *fuera* a la vez. Dentro, pero con ojos abiertos y percepción crítica. Poner en duda. Ponerse en duda. El mismo Holt confiesa: "Hoy dudo de cosas de las que me sentía y muy seguro hace tres años, e incluso vacilo sobre algunas en las que creía firmemente hace sólo un año".

Toda esta concepción podría resumirse en estos términos:

—Antes, el humanismo consistía en la posesión de una firme cantidad de certezas inamovibles.

—Hoy el humanismo consiste en la conciencia de la pasajeridad y condicionamiento de toda certeza.

CÓMO APRECIAR UNA PUESTA DE SOL

No es que el humanismo sea in-cierto. Más bien ha de decirse que la certeza es in-humana. Cualquier petrificación de principios, verbos en sustantivos, sentimientos en baluartes, vaticina aires de masacre.

En una hermosa película argentina, *No habrá más penas ni olvido,* sobre libro de Osvaldo Soriano se ve cerca del final a dos contrincantes que se matan recíprocamente gritando ambos, al unísono, "¡Viva Perón!".

Se mataban por lo mismo.

Amores que producen odios y vivas que generan muertes deben ser delatados por la educación. Su exclusiva finalidad es des-enmascarar. Aprender a pensar es aprender a repensar certezas absolutas en todos los órdenes.

Carl. R. Rogers hace ver que en más de una ocasión el amor es el control del otro.

"Aun con nuestros hijos, los amamos para controlarlos y no porque los apreciemos."

Ese amor que juega al altruismo puede ser uso y abuso de control sobre el otro. Porque no sé qué hacer con el otro. Porque no sé qué hacer conmigo mismo, con nosotros.

El otro es mi infierno, mi negación, mi límite. Pero es mi espejo, mi paraíso, el rebote de mi narcisismo, mi necesidad.

"APRECIEMOS"
es la última palabra en el párrafo anterior de Rogers.

Apreciar es dejar ser. El otro en sí, por sí, para sí. *No* para mí. ¿Quién sabe apreciar? ¿Quién fue educado para apreciar? ¿Cómo se hace?

"Apreciar plenamente al individuo del mismo modo en que apreciamos una puesta de sol. Las personas son tan maravillosas como una puesta de sol si las dejo *ser*."[111]

Dice Rogers. Y recae en Buber. Eso es poesía, para un crítico rápido y sucinto. Sí, es poesía, respondo yo. La expulsada de la República *para que* ingrese en la vida real, interindividual.

Como una puesta de sol.

¿Qué se hace con una puesta de sol? Nada.

¿Para qué sirve una puesta de sol? Para nada.

Todo lo que se puede hacer es dejarla ser. En eso consiste su belleza. En su fluidez ontológica. En su total independencia de mí, y de cualquier contemplador. In-dependencia. Libertad.

Habla Rogers:

"Cuando contemplo una puesta de sol no digo: Suavice un poco el naranja en el lado derecho y ponga un poco más de púrpura a lo largo de la base, use más rosa en el color de la nube. No lo hago. No trato de controlar una puesta de sol. La admiro a medida que pasa."

Rogers sugiere que apreciemos de la misma manera a la gente, el hijo, la mujer, el otro, el vecino, el colega.

Claro que no es fácil. No estamos educados para *eso*. La programación que llevamos es radicalmente diferente: reclama la competencia, la supresión y superación del otro, y en marcos de certezas inamovibles.

En este juego de Yo-Ello perpetuo no soy libre. En consecuencia no puedo considerar al otro en su libertad.

Desde antiguo se viene luchando contra "las buenas intenciones" que, según vetusta frase "forman el empedrado del infierno". En vano.

Ni la axiomática ética de Kant logró erradicar ese universo de "mundos interiores" hechos de "beneficencia" frente a accidentales mundos exteriores "malvados por tanto azar incomunicativo".

Los cuidadores de la dignidad humana, y de su diferencia categorial con respecto a la máquina, insisten en las "intenciones" como un bien superior que nos enaltece.

Podríamos renunciar a ese "bien". Deberíamos renunciar a él.

[111] Carl R. Rogers, *Libertad y creatividad en la educación,* trad. Silvia Vetramo, Ed. Paidós, Barcelona, 1980, pág. 177.

Que nadie logre escudarse en intenciones, voliciones, ideas, proyectos. Que los actos se liberen de intenciones e interpretaciones.

Significantes puros y netos.

El significado es del otro, le pertenece al otro, el otro lo decide y emite su juicio. Un otro libre de tus intenciones. Él es el receptor de tu conducta proyectiva, no de tus intenciones ocultas y herméticas.

Dime quién soy.
No tengo derecho a réplica. Puedo rechazar tu opinión, pero lo que no puedo, estrictamente, es explicarte nada de mí. Podría hacerlo, desde luego. Y de facto nos pasamos la vida explicando al otro, absurdamente, quién soy qué quiero por qué dije lo que dije y no quise hacer lo que hice... Pero es tarea fatua, vacua. Le estoy exigiendo al otro un acto de fe. Debe creer mis cuentos acerca de mí, mientras puede apreciarme en mi realidad-frente-a-él sin mediación alguna.

Si yo pensara, tú pensarías.
Si yo fuera libre, tú serías libre.
Te apreciaría. Me apreciarías. Como una puesta de sol que uno no puede controlar, que sólo puede ser ad-mirada.
¿Qué nos impide ser libres, apreciar-nos?
La carrera. Es decir la cultura. Las posturas asumidas. Los intereses creados. Lo que cada uno es.

No soy lo que soy.
Soy mi educación. Soy mi cultura.
Pero mi educación, mi cultura no son mías.
Soy lo que hago con ellas.
Soy lo que elijo.
Cuando elijo...

SIMMEL:
CULTURA OBJETIVA Y CULTURA SUBJETIVA

Sobre este tema discurrió Georg Simmel (Alemania, 1858-1918), un pensador moderno; un estilista de la incertidumbre.

El término "cultura" deriva del reino vegetal. La imagen presupone una simiente que ha de germinar, crecer, dar tronco, ramas, hojas, flores, frutos. Cultivar es ayudar al ser en su camino hacia su total realización, o hacia las variadas posibilidades de realización que el ser encierra.

Según Simmel, "sólo el hombre es el auténtico objeto de la cultura; pues él es el único ser que nos es conocido en el que reside de antemano la exigencia de una perfección".[112]

No es en esta definición que deseo detenerme. Basta con acentuar el hecho de que el hombre productor de cultura es él mismo objeto de cultura, o debería serlo, en concordancia con sus simientes interiores o potencias propias. Hay pues dos orbes:

—cultura objetiva.
—cultura subjetiva.

La primera es exterior al hombre. Es la incidencia de la mano o mente del hombre en las cosas, en la naturaleza.

La cultura subjetiva es el cultivo interior del hombre-en sí.

Ahora bien, se supone que la cultura objetiva, el mundo cultural y culturalizado que me rodea, está al servicio de la última finalidad: el ser yo mismo, la cultura subjetiva.

Aquí aparece la hendidura que da lugar a las formas esquizoides de la existencia. Yo no soy en el mundo. El mundo está en mí.

---

[112] Georg Simmel, *El individuo y la libertad,* trad. Salvador Mas, Ed. Península, Barcelona, 1986, pág. 121.

Te penetra, te viola, te gesta, te conforma-informa-deforma-reforma. Te forma desde afuera. No te cultiva. La cultura subjetiva se anula, no es, no alcanza a ser. El mundo te invade y te coloniza por completo.

Estrictamente pocos tienen cultura propia.

"Las disonancias de la vida moderna... surgen en gran medida del hecho de que ciertamente las cosas se tornan más cultivadas, pero los hombres sólo en una medida mínima están en condiciones de alcanzar a partir de la perfección del objeto una perfección de la vida subjetiva."

El instrumento de la cultura-sociedad es la educación. La educación enseña qué es el mundo, qué hacer con el mundo.

La educación no sabe qué debe uno hacer consigo mismo. Por eso no lo enseña. Mejor dicho: la cultura que la educación representa desconoce al sí mismo, la unicidad e inefabilidad del ser individuo-persona.

Nos manejamos bien con las cosas. Y sabemos ser cosas.

Nos falta aprender a ser humanos. Que aunque no sepamos con precisión en qué consiste, y aunque neguemos de antemano cualquier definición-certeza-dogma al respecto, de todos modos proponemos entenderlo como el *no-ser-cosa*.

En ello reside la libertad.

En liberarse de la trama cosística: objetos-cosas, ideas-cosas, principios-cosas, personas-cosas. La cosa es todo lo que es y no más. Es inerte. Es muerte. Es absoluta. Es in-dudable. En todas sus manifestaciones.

Y mantiene un régimen lógico muy elemental, aprobado por la física y por la filosofía escolástica:

donde hay una cosa no puede haber otra.
Consecuentemente el yo excluye el tú. Un nosotros excluye a otro nosotros.

Una idea lucha contra otra idea. *Se tiene* cosas, *se tiene* amigos, *se tiene* personalidad.

Es interesante observar: ni el griego ni el hebreo, los idiomas básicos de nuestro origen cuentan con el verbo *tener*. "Yo tengo" se dice "hay para mí".

La tenencia era una situación, una relación. En el mundo

griego por la fluidez irreprimible del ser. En el mundo hebraico por la nomadización esencial del ser.

La lucha fratricida, encarnada por los dos hermanos gemelos, Caín y Abel, claramente lo dice la Biblia, es el enfrentamiento entre dos *modi vivendi*. "Caín, dice el *Génesis,* es "adquirir". Abel en hebreo se llama *Hevel* y equivale a "viento, soplo, aire".

Ganó, según sabemos, *la cosa*. Venció Caín, "el que vive adquiriendo". E inmediatamente nació la civilización, cuenta el Libro: herreros, hacedores de cosas, la cultura objetiva.

—Uno de los dos sobra— le habría dicho Caín a Abel, entre tantos silencios.

Por eso motivo se escribió la Biblia.

Se quería restaurar algo de la imagen prototípica de un hombre abelino, con algo de viento y soplo pasajero, salpicadura de nubes y formas cambiantes *entre* las cosas.

El proyecto falló. En última instancia ni heredamos a Grecia ni a Judea. Somos descendientes directos y dilectos de Roma:

La Ciudad. El Estado. Res pública.

No hay *res privada*. O al menos no sabemos qué hacer con ella. No hay cultura subjetiva, el sueño de Nietzsche.

La Atenas que eliminó a Sócrates se perpetúa en Roma; El Estado.

A través de la objetivación se salva el sujeto.

La tragedia de la cultura, y del cultor, consiste en que ese primer movimiento de liberación por el cual se constituye el sujeto *frente* al objeto para apreciarlo, culmina más tarde en un sujeto que está *sujeto al objeto* y por tanto absorbido dentro de él, eliminando de esa manera el primer espacio de verdad del ser frente al ser.

Un pobre es desdichado porque lo que tiene ha de invertirlo en el ser.

Un rico es feliz en cuanto tiene para tener.

Ése es el supremo ideal de la cultura contemporánea: tener para tener.

La angustia estalla cuando las tenencias desaparecen.

La muerte de un ser querido es una pérdida de cosa, una traición, una falla, una culpa. Del que se fue, por cierto. Eso que da tanta seguridad, la tenencia, es absolutamente inseguro. La angustia es el caldo de cultivo de la cultura.

"Ninguna política cultural puede suprimir esta trágica discrepancia entre la cultura objetiva aumentable ilimitadamente y la cultura subjetiva, acrecentable sólo muy lentamente; pero puede trabajar en su disminución en la medida en que hace capaces a los individuos de convertir los contenidos de la cultura objetiva que experimentamos, mejor y más rápidamente que hasta el momento, en material de la cultura subjetiva, la cual, finalmente, porta por sí sola el valor definitivo de aquélla."[113]

Estas son las conclusiones de Simmel.

No todo ha de ser crítica y apocalipsis. Las cosas pueden ser buenas. La televisión puede ser un instrumento magnífico de instrucción. La cultura objetiva puede estar a tu servicio.

Ella te usa.

Procura tú tomar conciencia de tu situación. Es el primer paso para aprender a pensar, a liberarse.

Úsala tú.

Ella quiere controlarte.

Aprende a controlar su control.

"Convertir los contenidos de la cultura objetiva en material de la cultura subjetiva", sugiere Simmel.

Es todo un programa de educación. Y muy factible.

Entrenamiento, entrenamiento. ELLOS tienden a esclavizarme. Yo tiendo a liberarme.

Ellos quieren que compre la colección completa de libros o música o pinturas que ellos editan. Yo elijo lo que más me gusta, lo compro, y desecho al resto.

La remanida imagen de la abeja que toma elementos exteriores y los torna en miel interior, sigue teniendo vigencia didáctica.

Yo puedo elegir las flores. Puedo armar mi propia antología.

La cultura no es mi enemiga si aprendo a pensarla, a elegirla, a convertirla. Ni la tecnología ni la sociedad de consumo son fatalidades sin escapatoria. Si aprendo a construirme ventanas, puertas de salida, la tecnología y la sociedad de consumo pueden mejorar mi vida y ayudarme a crecer, yo, en mí, nosotros, yo y tú.

Para ELLOS todo es buen negocio: Pato Donald, Dalí, Eco, Pornografía, Colección de Filósofos, Stones, Ravi Shankar.

Yo elijo.

Hoy vivimos una situación sumamente dialéctica, agónica.

[113] Georg Simmel, *ob. cit.*, pág. 131.

—Es difícil ser subjetivamente cultivado ante la enorme presión de la enorme cultura objetiva.

—Es fácil ser subjetivamente cultivado por la multitud de elementos que la cultura objetiva pone a mi disposición.

Sólo la cultura puede liberarme de la cultura.

"Hasta aquí la mayor parte de los hombres han aceptado la cultura de su tiempo como un destino, del mismo modo que el clima o la lengua de su país; pero el acentuado conocimiento de los modos exactos de muchas culturas constituye una liberación de ellas en lo que tienen de prisiones."

La afirmación es de McLuhan.[114]

Antes no supe qué responderle a mi hijo mayor cuando me anunció que abandonaba sus estudios universitarios.

Hoy le diría:

—Hijo mío: saber, disponer de cultura, es el único medio que tenemos para ser libres, para conocer nuestras fronteras, nuestras prisiones; en consecuencia uno podría vivir mejor, menos resentido, menos angustiado, menos enajenado, y en consecuencia con mayor fruición en calidad de vida.

Ahora que ya tengo la respuesta, no tengo quién me plantee la pregunta.

Mi sobrino menor lee Asimov, abstrusos cuentos de ciencia ficción con concomitancias metafísicas, historietas con motivos bergmannianos, desconoce la existencia de los zapatos, y en la secundaria escribe composiciones sin sujeto ni predicado, y me habla de funciones matemáticas en computación como quien comenta la humedad del medio ambiente.

Pero en la escuela siguen hablando de la bandera, del nacimiento y de la muerte de los ríos, de la batalla de San Lorenzo, de los Borbones y de los Tudor, de la célula y de la germinación de los porotos.

Mi sobrino de quince años, al volver de las últimas vacaciones, me confesó seriamente sus incertidumbres, su angustia porque pronto habrá que volver a la escuela y "tantas cosas que no voy a poder hacer".

La cultura contextual es HOY poderosa.

Me refiero, claro está, a la totalidad de los "medios". Televisión, calle, publicidad, comunicaciones, radio. Atmósfera. Aire que se respira.

[114] Marshall McLuhan, *La galaxia Gutenberg, ob. cit.,* pág. 97.

Volvemos a la relación Texto y Contexto.

Es la relación cultura subjetiva-cultura objetiva.

Los educadores en estado de alerta nos llevamos sorpresas inenarrables. A tal efecto hay que demoler reglas sacrosantas y conceptos prejuiciados. HOY, en las postrimerías del siglo XX, ensayaría yo la lectura del *Fausto* de Goethe con jovencitos de trece años. HOY los temas filosóficos y metafísicos pueden atrapar tanto como la música rock, cuya letra, por otra parte, "procura" tocar temas profundos, trascendentes.

Desde luego que todo el mundo educativo concuerda en decir: "los programas no están actualizados".

Si se consultara a educadores, padres, políticos, acerca de la actualización programática de la escuela, ofrecerían *un nuevo programa*. Imaginemos que ese nuevo programa fuera realmente bueno, nuevo, actualizado. ¿POR CUÁNTO TIEMPO? ¿PARA CUÁNTO TIEMPO LO PLANIFICAN?

Estas preguntas pueden inducir perplejidad.

Y no tienen respuesta. No deberían tenerla.

Hasta que se des-actualicen —sería la vaga y única posibilidad de reacción auténtica.

A tal efecto, mientras un grupo de expertos hace programas, y otro grupo de expertos los aplica, y otro grupo los evalúa, se requiere que haya un equipo especial de analistas que estén midiendo diariamente la temperatura y presión atmosférica de la cultura objetiva, del Contexto, y con premura escatológica vayan transmitiendo esa información a los grupos que le preceden para ajustar cambios textuales a los cambios contextuales.

CÓMO RESISTIR A LOS DEMONIOS

Hay una obra que mucho ilustra acerca del crecimiento. Es el *Tristram Shandy* de Laurence Sterne.

El padre del protagonista decidió tomarse el tema de la educación en serio. A tal efecto meditó largamente en la cosa y se dedicó a componer un sistema que denominó, por motivos obvios, *Tristra-paedia*.

Tres años le duró al caballero la gestación de la mitad de su empresa.

Tenía por modelo a "Juan de la Casa, Arzobispo de Benevento, cuando compuso su *Galateo,* para lo cual Su Eminencia tardó casi cuarenta años".

No deja de llamar la atención el tiempo —de Juan de la Casa— invertido en un engendro de, finalmente, pocas hojas.

La explicación de esta paradoja es ilustrativa. Ocurre que Juan de la Casa, hombre de grandes dotes espirituales, no escribía más que una línea y media por día.

Más no podía escribir. ¿Por qué? Porque luchaba contra los demonios que venían a sobornar su alma. Esos demonios, que salían de adentro, "en cuanto llegaban, se acabó: todo pensamiento, desde el primero hasta el último, se hacía capcioso: por bueno y honesto que fuera".

La lucha consistía, dice Sterne, no en anular o eludir a los demonios, sino en aprender a resistir-los.

"Así pues, la vida del escritor, aunque a él se le antoje lo contrario, no consiste tanto en componer como en luchar, y la prueba que ha de superar, como la de cualquier militante de la tierra consiste no tanto en tener más o menos ingenio o talento, sino en SABER RESISTIR."[115]

[115] Laurence Sterne, *Tristram Shandy,* trad. Ana María Aznar, Ed. Planeta, Barcelona, 1976, cap. XVI.

214

Resistir la in-fluencia. La ajenidad que se cuela entre las ideas, entre las letras. El pre-juicio.

El papá quería una *nueva* educación para Tristram. En consecuencia debía resistir a los "demonios" de lo pre-condicionado que aparecen enquistados dentro de los conceptos en apariencia novedosos.

Así decía el papá de Tristram:

"El prejuicio de la educación, decía, *ése es el demonio,* y todas las ideas preconcebidas que mamamos con la leche de nuestras madres, ésas son los demonios. Ellos son los que nos persiguen... en nuestras lucubraciones y reflexiones..."

Los prejuicios, ¿por qué vía vienen?

Por la de la educación.

¿Qué debe hacer la educación?

¡Enfrentar y resistir los prejuicios de la educación!

Ahora se comprende por qué al papá de Tristram, como a Juan de la Casa, cada línea le tomaba tanto tiempo: el tiempo no se lo gastaba escribiendo, sino enfrentando y rechazando demonios-prejuicios.

Claro que, como en *Amor y Pedagogía* de Unamuno,

"mi padre perdió tanto tiempo en su resistencia o, dicho de otro modo, progresó en su obra con tal lentitud que yo me puse a vivir y crecer a tal velocidad que..."

Sí, las ideas llegan siempre tarde.

Cuando yo conozco la respuesta, mi hijo ya ha modificado la pregunta.

En sociología se habla de *rezago cultural:* el atraso de la evolución de las ideas frente a la evolución de las ciencias-tecnologías.

En pedagogía cabe hablar de un *rezago educativo* que es el rezago anterior más un retraso adicional, el propiamente didáctico.

Sólo a título metafórico, y no con precisión cronológica, esto se dibujaría así:

—Tecnológicamente, vivimos en el siglo XX.

—Culturalmente, en el siglo XX.

—Pedagógicamente, en el siglo XVIII.

La Técnica, aunque no está inmediatamente a mi servicio, o de mi sociedad, o grupo, o *status* es de todo el mundo.

La Cultura nos toca más de cerca, y se refiere más estrechamente a nuestra circunstancia nacional-social.

La Pedagogía trata, en última instancia, del bien y del mal, de la vida y sus valores, y *de facto* no puede enseñar sino aquello que ya está completamente legitimado y autorizado por toda la sociedad.

Los ejemplos fácilmente saltan a la vista:

A) *En técnica* la máquina de escribir electrónica-computarizada es común, normal en su vigencia.

En cultura —en las casas, cada cual podría tener una maquinita de escribir, de las viejas.

En pedagogía, en la clase, en la escuela, a nadie se le ocurre que la escritura a mano, la caligrafía, la buena letra, merezcan ser desplazadas por... la maquinita de escribir que tenemos en casa.

B) *En técnica* el tema sexual es manejado fríamente en todas sus variantes y problemáticas, inseminación artificial, alquiler de vientres, aparatos para la satisfacción de la pareja, ejercicios, técnicas en sanatorio...

En cultura —en las casas ya se admiten ciertas lecturas, ciertas películas de suave erotismo a la vista de los chicos.

En pedagogía, el tema es la semillita, el huevito, el pollito, y la sífilis.

Los diferentes grados de rezago o retraso que se han señalado son las fisuras donde se quiebra la personalidad humana en su crecimiento.

A medida que el mundo técnico crece, decrece el mundo pedagógico, y son los mismos hombres los que manejan divinamente máquinas sofisticadas quienes, en la vida misma, esa que se hace con pedagogía y con amor, esa que es la del yo y su prójimo, esa de la comunicación pre y pos-cibernética, en esa vida el individuo ha de vivir con valores-ansiedades-anhelos sumamente tradicionales porque así fue y sigue siendo educado.

Yo no sé qué hizo ni quiso hacer Steven Spielberg con la imagen que le proporcionó a su E.T., ese ser extra-terrestre con una cabezota enorme, unos ojazos llenos de melancólica dulzura, y un cuerpo desfigurado, maltrecho, desdichado. No sé, insisto, ni me interesaría interrogar a Spielberg al respecto. Sé, en cambio, que esa *Gestalt* representa para mí el hombre que seremos, o que estamos llegando a ser: computadora y melancolía, con la total decrepitud del resto del ser.

Retornemos a *Tristram Shandy*. Pocas finalidades puede hoy arrogarse la educación sistemática. Porque la mayor parte de las finalidades son cumplidas por la tecnología y la cultura de los medios masivos de comunicación. Pocas finalidades, dije, y una de ellas ahora puede ser denominada:

SABER RESISTIR

A los demonios. Porque demonios son. No teológicamente, pero sí en su mecanismo de abordaje, de ataque, de infiltración.

Resistir a la sabiduría, a la tradición, a lo idolatrado como indudable.

Claro que, en estos términos, no se podrá escribir más que una página y media, *nueva,* por día.

Pero será nueva, es decir *libre.*

"QUE CADA ALUMNO HAGA SU PLAN DE ESTUDIOS"

Tengo ante mí un hermoso —gráficamente— libro de Lauro de Oliveira Lia, *Mutaciones en Educación*. El autor aplica aquí las ideas de McLuhan y de nuevas corrientes pedagógicas.

He recogido del texto estos lemas:

"Los temas de clase *serán extraídos* de revistas y periódicos."

"Cada alumno hará su propio plan de estudios. Las clases se integrarán con alumnos de *diferentes niveles*."

"El hombre no tiene programas: tiene objetivos."

Buenas frases. De buen impacto.

En primera instancia uno sacude la cabeza asintiendo con fervor como si estuviera haciendo alguna revolución inaudita. Luego cabe revisar. Re-leer. Re-flexionar.

Aparentemente se respeta en todas estas aserciones al único respetable: el alumno.

¿En qué consiste respetarlo?

En dejarlo hacer, evolucionar *solo*. Qué él elija. Qué él programe. Que se fundamente en la realidad inmediata, en diarios y revistas. Que haga su propio plan de estudios, en concordancia con sus necesidades. No hay programas, hay objetivos.

Ahora bien, todo esto puesto en el crisol del análisis dejaría como resultado el eco de un huevo.

¿De dónde aparecen los objetivos? ¿Quién los establece? Y ese "quién", ¿de dónde los extrae?

Y los diarios y revistas —¿son ellos los que reflejan *realmente* la realidad? ¿Qué realidad? ¿Qué *es* realidad? ¿Qué es el hombre, ese hombre que no tiene programas pero tiene objetivos?

¿Y si en su lugar ponemos otro hombre, el que no tiene ni programas ni objetivos, porque todo lo que tiene, si lo tiene, no es de él, es de otros, esos OTROS que son los dueños de la sociedad-cultura, en Oriente y en Occidente, en la Izquierda y en la Derecha, y que, en última instancia, se burlan olímpicamente de cualquier revolución programada contra la programación vigente. porque bien saben que todas las modificaciones no rozarán el esquema básico de la cultura, ya que no se pueden zafar de esa cultura y sus principios?

Al orden se lo preserva en zapatos o en alpargatas, en pantalones de pana o en jeans arrugados y sucios. Mientras la gente vaya más o menos calzada, más o menos vestida, el orden es —en esencia— el mismo.

Y siempre que hablamos de Orden, se nos torna inevitable el párrafo de Joseph de Maistre;

"Toda grandeza, todo poderío, toda subordinación, están en manos del ejecutor: él es el horror y el lazo de la asociación humana. Sacad del mundo a este agente incomprensible: inmediatamente el orden es sustituido por el caos, los tronos se arruinan y la sociedad desaparece."

El verdugo, en todas sus mutaciones, es quien preserva el orden.

Suena feo, pero hay que oírlo.

Uno de los errores de la educación en el siglo XX ha sido el cúmulo de mentiras palabreras con que nos hemos llenado los vientres, nosotros, y nuestros hijos, acerca del amor, la libertad, los derechos.

Un día los jóvenes se despiertan y reclaman la herencia prometida, el amor, la libertad, los derechos, la consideración, la comprensión, y demás paraísos perfumados.

Descubren que fueron engañados. Nada de lo prometido existe. No es parte del Orden. El Orden, más bien, lo niega.

No se trata aquí de estar a favor o en contra del Orden. Se trata de saber que existe y que se debe tomar conciencia de él en todo ordenamiento.

Hazte el programa de estudios que quieras pero... el Orden será Orden y deberás estar con Él, o contra Él; jamás al margen de él.

No importa mayormente establecer si el hombre tiene programas o tiene objetivos o no tiene nada. Importa en cambio verificar qué nuevos caminos pueden ser delicadamente explorados para mejorar la calidad de la vida, en rechazo de toda miseria y de la muerte.

CAPÍTULO VIII

ELOGIO DE LA INCONSECUENCIA

ELOGIO DE LA INCONSECUENCIA

Hay que explorar nuevos caminos. En eso consiste la libertad. Rever. Otro punto de vista. Otros enfoques.

Otra lógica. La de la inconsecuencia, por ejemplo, promovida por Leszek Kolakovsky.

Por cierto que todo esto se liga con la di-vergencia y la disidencia, sin estrepitosas declaraciones de barricada. Kolakovsky expresa sus sugerencias en tono menor:

"La raza de los vacilantes y los débiles, la raza de los inconsecuentes... que no quieren actuar deslealmente con respecto a las leyes del Estado pero no hacen denuncias a la policía secreta... La perseverancia absoluta es inédita, en la práctica, al fanatismo; la inconsecuencia es la fuente de la tolerancia."[116]

El inconsecuente tiene ideas como cualquier consecuente, pero no se siente protegido por ninguna Institución Suprema, ni se considera al servicio de ninguna Causa Maravilla, por las cuales, por ejemplo, valiera la pena matar.

El inconsecuente es tolerante no por principio inamovible ni por decisión, sino por mero corolario lógico de su in-seguridad personal y de la in-seguridad de todas sus ideas, posturas, plataformas asumidas.

Puede, por ejemplo, amar a Dios y a la religión, pero se abstiene de promover inquisiciones y campañas contra los herejes.

Puede, por ejemplo, ser amigo del Orden y de los Semáforos, pero no se molesta demasiado si alguien los cruza en rojo ni lo persigue implacablemente.

[116] Leszek Kolakovsky, "Elogio de la inconsecuencia", en *La crisis actual de la política,* trad. R. Alonso, Ed. Rodolfo Alonso, Bs. As., 1972, pág. 11.

El inconsecuente es inconsecuente consigo mismo. No se ata a ningún mástil con proa a la eternidad. Piensa, por lo tanto volverá a pensar. Otorga y se toma el derecho a la dis-crepancia.

"La inconsecuencia —habla Kolakovsky— es una tentativa para engañar constantemente a la existencia; y ésta se esfuerza en efecto sin cesar por colocarnos frente a situaciones alternativas, entre dos puertas, de las cuales cada una no es sino puerta de entrada y que no permiten, ni lã una ni la otra, volver a salir."

Nos manejamos dentro de una lógica férrea de tercero excluido, conmigo o contra mí, verdad o falsedad, negro o blanco. Pergeñamos problemas premeditadamente sin solución.

El siguiente paso, ya que no hay solución de oposiciones, es la eliminación del problema a través de la eliminación del opositor; persona, idea, percepción, sensación, vivencia.

El relativismo de café entiende que el hombre es la medida de las cosas, en consonancia con Protágoras, explicando que cada uno las ve como quiere o mejor le apetece.

El relativismo de la ciencia, de la teoría de la relatividad, consiste más bien en el absoluto dentro del cual cada contemplador de la realidad está involucrado, el ámbito de espacio-tiempo y su condición de movimiento. Russell lo pone de manifiesto con esa claridad y precisión que merecen mi mayor admiración: "De dos hombres en los Alpes, uno percibirá la belleza del paisaje, mientras que el otro se fijará en las cascadas, de las cuales se podría obtener energía. Estas diferencias son psicológicas". No es de esto, dice Russell, que trata la teoría de la relatividad. "El tipo de diferencias que nos interesa es el puramente físico. Las diferencias físicas entre dos observadores seguirán existiendo si dichos observadores son reemplazados por la cámara o el magnetófono... Si los dos hombres oyen hablar a un tercero y uno de ellos está más cerca del que habla, oirá los sonidos más altos y un poco antes de que pueda oírlos el otro."[117]

Para ser rigurosos en la expresión, y en concordancia con una fría descripción fisicalista, quizá no seamos distintos, pero *estamos* distintos y eso nos fuerza a *estar* diferentes.

---

[117] Bertrand Russell, *El ABC de la relatividad,* trad. P. R. Santidrián, Ed. Hyspamérica, Madrid, 1985, pág. 19.

La inconsecuencia es la dis-cordancia. Entre tú y yo. Entre yo-a, yo-b, yo-c, yo-n.

Esta defensa de la dis-cordancia pretende sustentar una posibilidad dialéctica de con-cordancia en cuanto co-existencia.

De aquí podría brotar una nueva plataforma para el amor, paradójica, absurda: puesto que somos-estamos tan distintos, puesto que nada tenemos en común, puesto que somos irreductibles el uno para el otro, puesto que nunca somos los mismos, *podríamos* amarnos...

El amor, el conocido amor todo eso que se llama amor y que viene relatándose en prosa y en verso y en drama, *es* inconsecuencia. Los que elogian al amor elogian a la inconsecuencia. Bastará con recordar una sola gema en el *mare magnum* de la literatura erótica:

"Desmayarse, atreverse, estar furioso,
áspero, tierno, liberal, esquivo,
alentado, mortal, difunto, vivo,
leal, traidor, cobarde, animoso..."

Lope de Vega tiene el don de expresar lo que todos sentimos, pero sólo él sabe decirlo. (El poeta, comentaba Octavio Paz, no tiene experiencias extraordinarias; lo extra-ordinario está en su capacidad expresiva; "saca peras del olmo").

Esto es amor, dice al final el soneto.

"Quién lo probó lo sabe"

"Probar" y "saber", en última instancia, aluden a un fruto. Saber, es saborear. Conocer el sabor de algo.

Esto es amor. Esto es el hombre.

Por eso no tiene naturaleza, porque está hecho de contradicciones, de in-consecuencias. Y cuando "se pone" consecuente se olvida de la inconsecuencia que es la naturaleza de su carencia de naturaleza y se lanza en nombre de Dios o de la Patria o de la Causa a Salvar al Hombre.

Eso en cuanto a la realidad del ser, de sus frutos, de sus sabores y de la experiencia recogida *hasta ahora:* más bien amarga.

Claro que aquí se juegan opciones e ideologías.

No faltó ni faltará quien sostenga —aplaudido por fervorosas masas, desde luego— que la gran historia de unos se hace con la mísera historia de otros cuyo cebo ha de aceitar los engranajes de la evolución.

Quiero pertenecer al bando de los "vacilantes, débiles...

inconsecuentes... que no quieren actuar deslealmente con respecto a las leyes del Estado pero no hacen denuncias a la policía secreta...", dice Kolakovsky.

Ése es el resorte. Sí, pero... por ahora, y hasta cierto límite.

Si la perseverancia genera avances científicos y avances inquisitoriales, unos a precio de otros, quizá sea tiempo de preguntarse qué precio estamos dispuestos a pagar por:

La soledad de la inteligencia.

La realidad no es consecuente consigo misma. Constantemente es otra.

Los avances persiguen a los avances. No hay manera de estar actualizado. Muchos son los que reclaman que la escuela cumpla esta función: adaptar al joven a la realidad actual y "prepararlo para el futuro".

¿Cómo se logra?

El tema lo encaró Samuel Butler en su utópico *Erewhon*:

"Enseñar a un muchacho sencillamente la naturaleza de las cosas que existen en el mundo a su alrededor y con las cuales tendrá que vérselas durante toda su vida, sería no darle sino una concepción angosta y superficial del universo, el cual contendría según se afirma una gran serie de cosas que en la actualidad no se hallan en él."[118]

Prepararse para el futuro es imposible, técnicamente hablando. El futuro es impredecible. El de la ciencia, el de la tecnología, y en especial el de "las cosas humanas": política, ética, economía, psicología, sociología y afines. Hasta hace un ratito Piaget era autoridad sacrosanta entre los educadores. Hoy... comienza el proceso de desacralización y profanación consecuente. Nadie podría predecir a mediados del siglo XIX que *Frankenstein* sería uno de los seres más populares a finales del siglo XX. Todo es provisorio. Todo es pasajero. Heráclito lo declamaba hace milenios atrás. Pero hoy lo sabemos, lo saboreamos. Quien lo probó lo sabe.

Educar para el futuro es imposible.

[118] Samuel Butler, *Erewhon,* trad. Máximo Ibáñez, Ed. Espasa Calpe, Bs. As. 1946, pág. 160.

A menos que se quiera educar *para cualquier futuro*.

Volveríamos al punto de partida: educar para la libertad. Aprender a aprender. Aprender a desligarse de lo aprendido y sabido, y estar vigil en el devenir temporal para aprehender nuevos sucesos o la novedad del sucederse de los eventos.

Butler lo soñó en estos términos:

"Imaginar un juego de contingencias absolutamente extrañas, imposibles, y exigir a los jóvenes que den respuestas inteligentes a los problemas que de aquellas surjan..."

Lo máximo que se puede pretender:
                "respuestas inteligentes"

Reacciones inéditas. Para lo cual hay que ejercitarse, abandonando —dice Samuel Butler— nuestros grises hábitos de sumisión a imperativos categóricos para reemplazarlos por *imperativos hipotéticos*.

La seguridad por la inseguridad.

El puede "ser" suplanta al "es".

Categóricamente *sabemos*. Hipotéticamente *pensamos*.

Es cierto que Samuel Butler no leyó, obviamente, a Kolakovsky. No obstante coincide con él al querer fundar en su utópica sociedad "Cátedras de inconsecuencia y arte de la evasiva".

Para mejor vivir. *En* la realidad.

Acerca de los maestros de esas cátedras, considera:

"La vida, afirman ellos, sería intolerable, si los hombres fueran a guiarse en todo cuanto hicieren por la razón y solamente por la razón."

Erasmo, desde lejos, aprueba.

A fines del siglo XX sabemos algo más: que la razón es para las ciencias y sobre todo para las cosas inertes. La sinrazón toma parte en el escenario de la vida, la nutre de valores, le marca sendas, le dibuja horizontes y le establece imperativos.

Todo va bien —podría ir bien— si los imperativos se admiten en calidad de hipotéticos, y se autoriza la in-consecuencia.

Hay que legitimar a la sinrazón, ponerla en evidencia, y admitirla como elemento fundamental de eso que llamamos vida, de eso que perfumamos con amor, de eso que rescatamos como objetivo e ideal.

Butler denomina a esta actitud: "El arte de sentarse con gracia en el filo de un cerco".

Sentarse, pero no asentarse. Estar, pero no establecerse.

Responder con inteligencia, meditaba Samuel Butler. Entre nosotros Isabel Luzuriaga sugiere que "ser inteligente trae *soledad*; la soledad de la madurez y de haber roto lazos infantiles de dependencia".[119]

Inteligencia es romper lazos de dependencia.

Inteligencia es libertad.

Pensar es liberarse.

Pensar es dejar de pensar lo pensado.

Ergo, soledad. Pero de madurez. De in-dependencia.

Inteligencia como ejercicio, como praxis, como compromiso.

No la que miden los tests; la que se mide en la arena de la vida: jugarse, aunque la contrainteligencia advierta vengativa: te quedarás solo. La inteligencia responde: es una soledad creativa. Si no estás previamente solo, nunca sabrás si estuviste o estás realmente *con* alguien.

No, no es bueno que el hombre esté solo.

Pero es bueno, en cambio que piense solo.

O, mejor dicho: si verdaderamente piensa, estará solo, en ese momento, y si luego dice *su* verdad, puede ser que se quede solo.

El pensamiento como el amor, si es, es "un andar solo entre la gente".

Isabel Luzuriaga sugiere romper "los lazos infantiles de dependencia". Estar solo es renunciar a ser infantil, a ser dependiente.

No es rebelión; es crecimiento.

Crecimiento que va desde los imperativos categóricos de nuestra infancia hacia los imperativos hipotéticos de nuestra madurez.

Aprendiendo a ser cada vez menos taxativos, más indulgentes frente a posibilidades inéditas de reflexión, de sentimiento, de posturas existenciales infrecuentes.

La práctica de la in-consecuencia, en este ámbito de ideas, no es fruto de la irresponsabilidad o de la *non-chalance* decadente. Más bien es consecuencia del aprendizaje de la conciencia vigil a no dejarse atrapar por ídolos definitivos y tarde o temprano san-

[119] Isabel Luzuriaga, *La inteligencia contra sí misma,* Ed. Psique, Bs. As., 1972, pág. 73.

guinolentos. Es la praxis de un alto grado de *responsabilidad y moralidad.*

La dignidad humana, desde la antigüedad griega, viene construyendo su imagen sobre el pedestal de la razón y la verdad.

Dejemos, pues, que hable la razón y la verdad. Que lo haga Bertrand Russell en nombre de las ciencias más científicas, la física, la matemática, la astronomía:

> "Se solía pensar que la lógica nos enseñaba a sacar conclusiones; ahora nos enseña más bien a no sacarlas. Los animales y los niños están terriblemente inclinados a la inferencia o deducción; un caballo queda sorprendido sobremanera si se lo somete a una carrera no habitual."

No nos halaga demasiado que se nos compare con los caballos.

Creíamos que la lógica es la que nos diferencia de ellos. Pero el *enfant terrible,* Bertrand Russell con un triste guiño nos hace ver que *la lógica es lo que compartimos con ellos, con los caballos.* ¿Qué lógica?

La repetitiva. La de lo estable y definitivo. Si ayer y anteayer iba yo por este camino, mañana iré por ese mismo camino. Dicen el niño, y el caballo. Queremos cosas, sustantivos, situaciones cerradas, pautas establecidas, principios inamovibles, leyes.

> "Los grandes principios tales como 'la uniformidad de la naturaleza', la 'ley de causalidad universal', etc., son intentos de apoyar nuestra creencia de que lo que sucede con frecuencia volverá a suceder otra vez. Principio no mejor fundado que la creencia del caballo de que lo llevarás por el camino que acostumbras."

La lógica es la mamá cariñosa de la rutina.

Si la educación sirviera para algo, debería servir para remover de tiempo en tiempo los anaqueles de la rutina.

Las condiciones del pensamiento libre

El último gran eslabón de la tradición racional, el que inaugura el mundo moderno es René Descartes. Veamos cómo pensaba Descartes:

"Cogióme el comienzo del invierno en un lugar en donde, no encontrando conversación alguna que me divirtiera y no teniendo tampoco, por fortuna, cuidados ni pasiones que perturbaran mi ánimo, permanecía el día entero solo y encerrado junto a una estufa, con toda la tranquilidad necesaria para entregarme a mis pensamientos."

Este fragmento autobiográfico figura en el *Discurso del método*.

Describe la *situación* del pensamiento, quiero decir del hombre que se pone a pensar.

Se pone
a pensar.

Porque lo que narra Descartes en ese texto no es cómo alguien está pensando, ni se encuentra pensando, sino cómo *se pone* a pensar.

Es puro pensamiento. Sin coerciones exteriores, ni interiores. No piensa por algo, ni para algo. Piensa.

No obstante hay una *situación*. ¿En qué consiste? ¿Qué elementos son requeridos para que uno pueda ponerse a pensar?

—"No encontrando conversación alguna que me divirtiera."
—"No teniendo ni cuidados ni pasiones que perturbaran..."
—"El día entero solo."
—"Junto a una estufa."
—"Con toda la tranquilidad necesaria."

En mis años de mocedad este párrafo cartesiano me sublevó, me indignó, cuando lo leí por vez primera. "¡Así piensa cualquiera!", grité en la soledad de mi bohardilla, con resentimiento jacobino.

De entonces a hoy he modificado mi punto de vista. La frase del comentario sigue siendo válida: "Así piensa cualquiera". Sólo que hoy no se apoya en el patetismo rebelde sino en necesidades psicofísicas:

> Cualquiera que piense, realmente, o que quiera ponerse a pensar, deberá contar con la situación cartesiana, más o menos.

Empecemos con la estufa. Si es un crudo invierno, y donde uno esté el frío arrecia uno piensa, claro, está, pero *acerca de la estufa*. Para no pensar acerca de la estufa, más vale tener una estufa. Entonces podrá uno pensar "libremente" de otros temas.

Los medievalistas, como Maimónides, Tomás de Aquino, Averroes, sabían que si no se satisfacen previamente las necesidades del cuerpo, difícilmente se podrá alcanzar grandes alturas espirituales. Descartes nos lo recuerda. Marx volverá al tema. En términos generales, no obstante, se olvida que el pensamiento libre es un lujo, un superávit, un sobrante, como la libertad. ¿Qué nos cuenta Descartes?

Que hay que tener tiempo. Hay que estar libre para ponerse a pensar:

Libre de cuidados —preocupaciones— problemas.

Libre de otra gente que nos divierte con su conversación.

Libre de pasiones perturbadoras.

Es el ideal del pensamiento *objetivo*. Estar lejos del mundanal ruido. En ese momento, en el de pensar. Para poder justamente enjuiciar el mundanal ruido en el que uno está constantemente.

Pensar es tomar conciencia de nuestros pre-juicios. No para liberarnos de ellos. Sí para conocerlos, para dominarlos y, en el mejor o peor de los casos, para elegirlos, sabiendo siempre que no son juicios; son prejuicios. *Ergo* no se refieren a la verdad. *Ergo* me sirven a mí, y solamente a mí, y no debo pretender que otros los compartan.

Nunca diferimos en ideas. Diferimos en pre-juicios.

En el *Discurso del Método* comienza Descartes por analizar este tema:'

a) "la facultad de juzgar y distinguir lo verdadero de lo falso... es naturalmente igual en todos los hombres"
b) "la diversidad de nuestras opiniones no proviene... sino de que dirigimos nuestros pensamientos por derroteros diferentes y no consideramos las mismas cosas"
c) "no basta tener el ingenio bueno; lo principal es aplicarlo bien."

Cada uno tiene su propio camino, en vida, en pensamiento. "Derroteros diferentes." Pero el problema mayor está en "las mismas cosas". Tú dices "Dios" y yo digo "Dios"; aparentemente decimos lo mismo, concordamos. Sin embargo, luego nos matamos recíprocamente. ¿Por qué? ¿No concordábamos, acaso? No. Nos engañamos porque usamos las mismas palabras.

Y así cuando decimos "Libertad", "Amor", "Democracia", "Patria". No son las mismas cosas. Son las mismas palabras. Pero no hablamos de lo mismo. No es que llegamos a divergentes conclusiones. Partimos de premisas absolutamente opuestas, disfrazadas bajo la uniformidad del lenguaje. *Los pre-juicios*. Nadie mata por juicios. Los juicios, que aluden a la verdad, son demostrables. Los prejuicios no son demostrables. Se imponen a gritos, a palos, a picana.

Finalente, dice Descartes, *todos somos iguales* puesto que nacemos con ingenio bueno. Pero no lo aplicamos bien. La consecuencia, entonces, es negativa:

De modo que, resumiendo:

— Los que velan por la educación del pueblo, han de procurarle estufas, fuentes de sustento, satisfacción de todas las necesidades primarias.
Para que *puedan* pensar.
— Para que, además, piensen *bien,* en derroteros que conducen hacia la verdad y hacen tomar conciencia del prejuicio, es necesaria la educación, el ejercicio del ingenio bueno, bien aplicado.

EL PENSAMIENTO LATERAL

La inteligencia, como función, es flexibilidad.

Es la capacidad de responder coherente y eficientemente a nuevas situaciones —dicen los psicólogos.

Y la vida es constante recolección de nuevas e inéditas situaciones. Si es que uno las percibe, claro está.

En cambio, si la rutina domina, nos bañamos fatalmente en el mismo río.

Des-viarse era clásicamente alejarse de la única y excelente y buena vía.

Hoy se pone en duda que haya una única y excelente buena vía.

Des-viarse, en consecuencia, es ensayar otras vías.

Así opera la creatividad. Citamos a Eco. Ahora recurrimos a Arthur Koestler:

"La originalidad creativa siempre implica un desaprendizaje y un reaprendizaje, un deshacer y un rehacer. Implica la ruptura de estructuras mentales petrificadas, deshacerse de matrices que han perdido su utilidad y recomponiendo otros hasta formar nuevas síntesis. En otras palabras, se trata de una operación muy compleja de *disociación* y *bisociación* en la que participan varios niveles de jerarquía mental."[120]

Primero di-sociar. Luego, bi-sociar. Des-hacer. Re-hacer.

Primero des-viarse. Luego en-viarse.

Edward de Bono denomina al pensamiento que se des-vía en busca de nuevas alternativas creativas "pensamiento lateral".

[120] Arthur Koestler, *En busca de lo absoluto,* s/t, Ed. Kairos, Barcelona, 1983, págs. 68-69.

El osificado por la rutina es el pensamiento vertical. Se clava en un punto y ahí persiste. No se mueve. No se des-vía. Está ahí, haciendo un pozo. No encuentra agua. Pero sigue cavando. Es el pensamiento que no piensa. Está inmóvil.

Se propuso encontrar agua; buscó un lugar adecuado; empezó a cavar. Hasta ahí se ejerció el pensamiento. Luego se petrifica. Cavará eternamente en el mismo pozo aunque no encuentre nada. No se cuestiona. No se des-vía para contemplarse a sí mismo.

De Bono comenta:

"La lógica es el instrumento utilizado para cavar pozos cada vez más hondos, para convertirlos en pozos mejores. Sin embargo si el pozo está en un lugar equivocado entonces por más que se lo mejore no se logrará ponerlo en el lugar correspondiente... El pensamiento vertical equivale a profundizar en el mismo pozo, el pensamiento lateral a intentar en otra parte."[121]

El pensamiento vertical es pensamiento auténtico en sus comienzos, luego va cayendo en la red de su propia rutina, se torna automatismo, hábito, reflejo, y *ya no piensa*. La mayoría de la gente que comienza afirmando "Yo pienso que...", esbozará a continuación un clisé de fórmula que alguna vez, quizá, pasó por la criba de la mente y de la reflexión, pero que luego se tornó en mero mecanismo repetitivo.

El pensamiento lateral se denomina así porque se corre a un costado de lo ya sabido y consabido; no se opone, simplemente se des-vía. Intentará otro punto de vista. Un nuevo enfoque.

El ejemplo del pozo es ilustrativo.

A mí particularmente me atrapó, porque trajo a mi memoria un hermoso cuento del boliviano Augusto Céspedes intitulado, casualmente, "El pozo".

Céspedes nos traslada, decenios, atrás, a uno de los tantos conflictos entre seres y naciones; esta vez son bolivianos y paraguayos. ¿Y por qué pelean? Por un pozo.

Entremos en la escena narrativa. Un grupo de soldados deambula por el monte; la sed los atormenta. Uno de ellos comenta que en la zona había visto un buraco, un pozo abierto antaño y

---

[121] Edward de Bono, *El pensamiento lateral,* trad. A. M. Uribe, Ed. La Isla, Bs. As., 1974, pág. 29.

luego abandonado. Deciden que lo mejor sería retornar a ese pozo y cavar en él para hallar agua. Así hacen. Pero el trabajo es infructuoso. Inútil todo el esfuerzo.

"El pozo va adquiriendo entre nosotros una personalidad pavorosa, sustancial y devoradora, constituyéndose en el amo, en el desconocido señor de los zapadores."

Primero fueron al pozo a buscar agua.

Luego se encuentran trabajando en el pozo porque hay que trabajar en el pozo. El medio es fin. El pozo es el amo. No crean la situación. Ella los va moldeando. Son sus súbditos. No hay realidad. Sólo puede haber fantasía, alucinación.

"Pedraza ha contado que se ahoga en una erupción súbita del agua que creció más alta que su cabeza. Irusta dice que ha chocado su pica contra unos témpanos de hielo, y Chacón, ayer salió hablando de una gruta que se iluminaba con el frágil reflejo de las ondas de un lago subterráneo."

Siete meses estuvieron cavando, y alucinando.

Siete meses para despertar a la reflexión: hay que abandonar *ese* pozo.

Pero aquí sucede el milagro. No aparece el agua. Aparecen los paraguayos, el bando contrario, los enemigos. Ellos creen que el pozo de los bolivianos tiene agua. En consecuencia atacan. En consecuencia los bolivianos consideran que ese pozo *es* importante y vale la pena luchar por él. ¡Defenderán *su* pozo!

"¡Nosotros no cedíamos un metro, defendiéndolo, *como si realmente tuviese agua!*"

Lucha cruenta, hasta que termina. Hay que recoger a los muertos e inhumarlos.

"Para evitar el trabajo de abrir sepulturas, pensé en el pozo."

Un pozo puede ser fuente de vida. También puede ser fuente de muerte.

El pensamiento vertical ciego y estúpido es el generador de conflictos y desdichas.

El lateral, *puede* ayudar a despertarnos de ciertas modorras y hacernos recuperar la función del pensamiento.

No quiero arruinar la magnífica pieza literaria de Céspedes, traduciéndola a ideas de ensayo. Simplemente digo: ¡cómo nos pasamos la vida, individuos, naciones, historia, luchando por pozos vacíos sobre la base irracional del empecinamiento y de la incapacidad de movilizar el entendimiento para ensayar *otra* dimensión reflexiva!

"Noto que la credulidad y la ingenuidad están en vías de desarrollo inquietador. Observo, desde hace pocos años una nueva cantidad de supersticiones que no existían..."[122]

Ese párrafo lo suscribió Paul Valéry en 1932.

El tema no se reduce a pobres e incultos soldados bolivianos y paraguayos que alejados de la civilización pelean por un pozo.

Los más cultos y civilizados... hacen lo mismo. Cámbiese el término "pozo" por lo que se quiera, la situación es idéntica:

—se lucha por el vacío, por nada.

O por cualquier cosa. Cuanto más vacío el "pozo", tanto más atractivo es para la guerra, tanto más heroico y emotivo. Y tanto más fácilmente se impone a las masas y funciona como aceitado reflejo.

El mismo Valéry, por tanto, acotará:

"El examen de los reflejos se convierte en el principal entre los exámenes de hoy."

[122] Paul Valéry, *Política del espíritu,* trad. Ángel J. Battistesa, Ed. Losada, 1961, pág. 83.

LA ESCUELA Y LA CALLE

Mi hijo mayor conoció las *Coplas* de Manrique en la escuela secundaria. Y a Machado por Machado.

Mi hijo menor —hay diez años de diferencia entre ambos— conoce a Machado, por las canciones de Joan Manuel Serrat. A él le tocó la escuela del miedo a los alumnos.

Quiero decir que *hoy* el gran proceso educativo —informativo, formativo, deformativo— ya no transcurre ni en la escuela, ni en la casa, sino en la *calle,* gracias a los diversos altoparlantes que la "calle" —la cultura masificada— proporciona: radio, televisión, discos, casetes, vídeos, afiches, revistas, diarios, teléfono, intercomunicaciones, viajes.

Ahora bien, para educarse en la calle, no hay que salir físicamente a la calle. Uno puede quedarse en casa, rodeado de "medios". De ese modo estará en plena calle, plenamente actualizado y al día.

Los "medios" son todopoderosos.

Son el mensaje. Son los fines.

Tienen el poder fantástico del *medium.* Son oráculos. Son la verdad.

Son el poder. Son la cultura multifacética, agresiva, invasora. Pero plural.

Como todos los dioses, también los medios-de-divina-acción, albergan el bien y el mal.

Como todas las religiones pueden ser usados para propiciar una moral de pureza y de caridad *tanto cuanto* la felicidad de la violencia y del crimen, privados u organizados-institucionalizados.

La gran calle de los grande medios, ella educa.

Ella te *invade.*

Educar es vender. Aprender a consumir.

Cualquier cosa. El pluralismo no responde a una ideología multivalente.

Es consecuencia del principio absoluto: vender-consumir. Cualquier cosa.

El disco compacto. Con Beethoven, con Madonna, con la *Cumparsita*, con Ariel Ramírez. No hay discriminaciones en el reino de Los Medios.

El tango *Cambalache* lo venía anunciando. Pero tenía una tónica pesimista, llorona.

Hoy contemplamos el panorama desde el puente.

Ni bueno ni malo.

Puede ser catastrófico. Puede ser beatífico.

La libertad es mucho más posible, y mucho más imposible.

En el reino de Los Medios la invasión de la vida individual es tan rotunda, tan inevitable, que la gente se ve cada vez más automatizada, más "poseída" por la programación de los Otros.

Por otra parte, la oferta por parte de Los Medios es tan amplia, tan irrestricta que cabe la posibilidad de ejercer vocaciones personales, sostenerlas, educarlas, y armarse de residuos y refugios de libertad creadora.

La calle educa.

¿Y el hogar? ¿Y la escuela?

Saltemos al hogar y hablemos de la escuela. La escuela; ¿para qué sirve HOY?

Para orientar al educando en el reino de Los Medios.

Utilizando, claro está, a Los Medios. Que para eso están.

¿Para qué sirve la escuela, HOY? —repetimos.

Para todos aquellos valores que Los Medios no promueven, y que consideramos valiosos.

Dije "Los Medios no promueven", pero de todos modos contienen puesto que contienen "cualquier cosa". Incluso la poesía, la belleza, el gozo literario, la música.

Pero no lo promueven especialmente. Hay canales de televisión que dedican un minuto o dos de su programación a algún poeta o poema o pintor o pintura. Lo hacen por cumplir. Lo hacen para nadie. No lo promueven. No es un "buen" valor, un buen negocio.

La escuela debe dedicarse a todo aquello que la televisión, la radio, la publicidad, los carteles callejeros desechan.

Eso que para Los Medios es lo que menos vale, suele ser lo que más vale para la Educación del hombre.

238

Los cines están llenos.

Los teatros, no tanto. La escuela no debe dedicarse al cine; de eso los chicos se enteran solos. Debe dedicarse al teatro.

Si se hace leer diarios a los alumnos, que sea para que aprendan a "leer" en el reino de Los Medios, a discernir entre titulares de distintos diarios y las intenciones que se ocultan detrás de esas diferencias: cómo cada uno "vende" otra faceta de la noticia, y por qué y para qué lo hace, y qué efectos espera obtener de sus lectores.

No comparto, en cambio, la idea de que los diarios deben leerse para estar actualizados, para que los jóvenes tomen contacto con la realidad cotidiana —según explican algunos colegas pedagogos.

Esa realidad cotidiana no espera que los jóvenes se contacten con ella; ella los invade, y por mil canales.

No: *es función de la escuela preparar a los estudiantes para lo in-actual, para la no-moda, para la i-realidad que aguarda detrás de la pasajera realidad; para alejarse un tanto de la realidad que los altoparlantes vociferan desde todo ángulo y preguntarse cuán válida es esa realidad, cuán real es, cuán ineludible es, cuán irrebatible es.*

¿ES REAL LA REALIDAD? —pregunta Paul Watzlawick. En el libro que lleva ese título cuenta un experimento realizado por Salomon Asch. El mentado psicólogo hizo una experiencia de percepción con grupos, digamos, de 10 personas. En las primeras pruebas todos generaban el mismo resultado. Después, 8 de los 10, continuaban produciendo el mismo resultado. A medida que avanzaba la prueba las discrepancias se acentuaban entre los 8 y los 2. Esos dos "diferentes" comenzaron a sentirse incómodos. Luego tendieron a equipararse en sus respuestas con el resto del grupo: imaginaban que los otros "tenían razón", aunque la lógica favoreciera a la minoría, ellos dos. Uno de ellos dijo:

"Creo que tengo razón, pero mi razón me dice que no puedo tenerla, porque no puedo creer que todos los demás se equivoquen y sólo yo tenga razón."[123]

[123] Paul Watzlawick, *¿Es real la realidad?*, trad. M. Villanueva, Ed. Herder, Barcelona, 1986.

LA CONDICIÓN POSMODERNA

Para esto debería servir la escuela: para desmitificar a la "mayoría" como equivalente de "la verdad" o de "la razón".

Para contrarrestar el pánico de quedarse solo, de ser diferente y, en consecuencia, de "ser culpable".

Aprender a liberarse de culpas, de represiones.

Aprender a dis-frutar de la existencia, dis-criminando entre rostros y máscaras, discursos y absolutismos, relatos y metarrelatos.

Los últimos avances, en estas postrimerías del siglo XX, en ciencias humanas anuncian que la ciencia, la religión, la poesía, el psicoanálisis, y todo lo que el hombre dice acerca del hombre son *discursos* o *relatos* que responden a una textura particular de ver o querer ver las cosas.

Cada relato contiene detrás de sí su metarrelato, o su correlato ideológico.

Cada ser adhiere a múltiples relatos y consciente o inconscientemente a sus metarrelatos respectivos.

Jean François Lyotard dice al respecto:

"Se tiene por posmoderna la incredulidad con respecto a los metarrelatos."[124]

Los credos dogmáticos continúan vigentes —aunque cambien de aspecto y contenido— apoyados en el poder de los medios.

Pensar es aprender la incredulidad.

Todos los metarrelatos con iguales. Igualmente indemostrables. Igualmente irracionales.

[124] Jean François Lyotard, *La condición posmoderna,* trad. M. Antolín, Ed. Rato, Madrid, 1984, pág. 10.

240

No significa eso que sean negativos o perniciosos. Al contrario, ayudan a vivir.

Siempre y cuando ayuden a vivir, y no a morir o a hacer morir.

Cultivar la incredulidad: contra la santidad omniponente de los metarrelatos.

Y para eso habría que educar.

El propio Lyotard lo especifica en estos términos:

"La pedagogía no se vería necesariamente afectada pues siempre habría algo que enseñar a los estudiantes: no los contenidos, sino el uso de terminales, es decir de nuevos lenguajes por una parte, y por otra un manejo más sutil de ese juego de lenguaje que es la interrogación: ¿adónde dirigir la pregunta?

No basta con preguntar. Hay que aprender a preguntar.

Así como no basta pensar. Hay que aprender a pensar. Adónde dirigir la pregunta, dice Lyotard.

"Nuevos lenguajes." Son los nuevos discursos. Ora nuevos-nuevos; ora nuevos-viejos.

De modo que no son contenidos lo que se debe enseñar, sino un perpetuo discurso del método: de todos los métodos posibles para decodificar discursos, descifrando metarrelatos, poniendo en evidencia la ideología tácita en cada caso, aprendiendo el uso de terminales, para saber adónde dirigir la pregunta.

Esa tarea de deshacer y rehacer moldes, que decía Eco.

Esa liberación de la mente, que decía Krishnamurti.

Ese pensamiento lateral, que decía De Bono.

Esa des-inhibición de la inteligencia, que decía Isabel Luzuriaga.

Ese examen de los reflejos, que decía Valéry.

Esa perpetua denuncia de la confabulación de los otros, que decía Ezequiel Martínez Estrada.

Ese aprendizaje de la libertad, para el cual no he encontrado mejor decir que el de André Gide, en 1921, al final de *Los alimentos terrestres*:

"Arroja mi libro; dite a ti mismo que no hay en él sino *una* de las posturas posibles ante la vida.
Busca la tuya.
Lo que otro habría hecho tan bien como tú, no lo hagas.
Lo que otro habría dicho tan bien como tú, no lo digas; lo que otro habría escrito tan bien como tú, no lo escribas.
No te apegues más que a lo que sientas que no está sino en ti mismo, y crea de ti, impaciente o pacientemente, ¡ay!, el más irreemplazable de los seres."

ÍNDICE

JAIME BARYLKO

En busca de uno mismo

"Hoy en día, la libertad es un peso. La masa, el ser entre todos, como todos, es una liberación de la libertad, del pensamiento y de la responsabilidad de tomar decisiones por cuenta propia.

Nacemos con alas. Luego la sociedad y la cultura nos reduen, nos dan nombres, nos marcan caminos. Eso justamente es lo que da seguridad a la vida, pero también es lo que impide vivir en uno mismo, en la autenticidad.

Uno mismo es el hombre abierto. Uno mismo se busca entre hojas secas y escombros de afirmaciones rotundas. Desconfía de respuestas taxativas. Las preguntas, en cambio, lo cautivan. Cuanto menos te etiquetas, tanto más eres tú mismo, es decir, ser libre, abierto a la vida y a sus interminables posibilidades. Así se enamora uno. Abriéndose al otro. Así se compromete uno en una causa, en una empresa, en la realización de un valor. Tomándose y arrojándose. Jugándose."

Jaime Barylko

Jaime Barylko

Relatos para Padres e Hijos

"Relatos para padres e hijos. El nexo entre las generaciones en la civilización de Occidente está en ellos... Los tomé de la Biblia, y los elaboré siguiendo el ritmo de las lecturas de los tiempos... Una propuesta acerca de para qué estamos, adónde vamos, y qué podríamos hacer para ser felices, algo más felices", dice el autor del gran bestseller *El miedo a los hijos.*